RODOLFO RODRIGUES

VENCEMOS JUNTOS

O FUTEBOL DO FLAMENGO EM 2019

Copyright © 2020 by Rodolfo Rodrigues

Direitos de edição da obra em língua portuguesa no Brasil adquiridos pela Ediouro Publicações LTDA. Todos os direitos reservados. Nenhuma parte desta obra pode ser apropriada e estocada em sistema de banco de dados ou processo similar, em qualquer forma ou meio, seja eletrônico, de fotocópia, gravação etc., sem a permissão do detentor do copirraite.

Ediouro Publicações
Rua Candelária, 60 — 7º andar — Centro — 20091-020
Rio de Janeiro — RJ — Brasil
Tel.: (21) 3882-8200

Fotos da Capa
Jorge Jesus – Alexandre Vidal / Flamengo
Diego Alves – Alexandre Vidal / Flamengo
Éverton Ribeiro – Marcelo Cortes / Flamengo
Pablo Marí – Alexandre Vidal / Flamengo
Arrascaeta – Alexandre Vidal / Flamengo
Willian Arão – Alexandre Vidal / Flamengo
Gerson – Alexandre Vidal / Flamengo
Rafinha – Marcelo Cortes / Flamengo
Filipe Luís – Alexandre Vidal / Flamengo
Rodrigo Caio – Marcelo Cortes / Flamengo
Bruno Henrique – Alexandre Vidal / Flamengo
Gabigol – Alexandre Vidal / Flamengo
Torcida – Paula Reis / Flamengo

Ficha catalográfica elaborada pela bibliotecária
Tatiana D'Almeida – CRB 7022

R696v
    Rodrigues, Rodolfo.
    Vencemos juntos: o futebol do Flamengo em 2019 / Rodolfo Rodrigues. Rio de Janeiro : Ediouro ; Clube de Regatas do Flamengo, 2020.
    176 p.; il.; 22,5 x 27 cm

    ISBN: 9788555462771

    1. Clube de Regatas do Flamengo. 2. Anuário – futebol. 3. Futebol Brasileiro. 4. Título.

                                                               CDD 796.334

Sumário

Apresentação **6**	**Copa Libertadores da América** **84**
Deu gosto de ver o Flamengo jogar, por Zico **8**	Estatísticas **102**
O elenco de 2019 .... **10**	**Mundial de Clubes da FIFA** **104**
Comissão técnica **12**	Estatísticas **110**
Ficou marcado na história **14**	**Os jogos da temporada 2019** **112**
Campanha de 2019 .... **26**	**Os jogadores de 2019** **114**
Florida Cup **28**	**O treinador** **160**
Estatísticas **31**	**Demais jogadores e treinadores** **162**
Campeonato Carioca **32**	**Estatísticas da temporada** **168**
Estatísticas **44**	**Demais categorias** **170**
Copa do Brasil **48**	**Futebol feminino** **172**
Estatísticas **54**	**Outros esportes** **173**
Campeonato Brasileiro **56**	**Breve história do Flamengo** **174**
Estatísticas **78**	**As taças de 2019** **175**
Recordes do Brasileirão 2019 .... **80**	Sobre o autor **176**

APRESENTAÇÃO

O ano que começou de forma trágica para todos os rubro-negros terminou como um dos mais vitoriosos da centenária história do Clube de Regatas do Flamengo. Ainda que a dor da perda dos dez Garotos do Ninho seja presente e jamais esquecida, o Mengão pôde dedicar a esses meninos tudo que conquistou em 2019 — vitórias que só foram possíveis graças ao empenho e à garra de todos os torcedores, atletas, funcionários e dirigentes, que nos levaram a uma das temporadas mais gloriosas do nosso Flamengo.

Entre as conquistas históricas, não estão apenas as do futebol, que teve um ano brilhante para a equipe principal — campeã estadual, nacional e continental — e para as equipes de base — que faturaram 27 títulos em 14 categorias, incluindo os Campeonatos Brasileiros Sub-17 e Sub-20. O maior clube poliesportivo do país brilhou em terra e mar, conquistando títulos nacionais no remo, basquete, ginástica artística e nado artístico. Dentro e fora das quatro linhas, nos gramados e nas quadras, na piscina e na Lagoa Rodrigo de Freitas, o Manto Sagrado foi honrado por nossos atletas.

A Maior Torcida do Mundo, como de costume, deu show. Com o 12º jogador na arquibancada, o Flamengo foi imbatível jogando em casa, ao atingir uma das maiores médias de público da história do clube. Não perdemos uma única partida do Brasileirão diante da nação. Um desempenho primoroso, que culminou com a conquista do hepta nacional, mostrando uma supremacia incontestável, admitida até pelos adversários. Além do título brasileiro, o Mengão foi campeão carioca no Maracanã, onde também teve ótima campanha na Libertadores, com apenas uma derrota em seis partidas, antes da final apoteótica em Lima.

Mesmo com o ano vitorioso em todas as esferas esportivas, não há como deixar de destacar o desempenho da equipe profissional de futebol. O que aconteceu dentro das quatro linhas já seria mais do que suficiente para honrar o torcedor rubro-negro. Mas o clube também foi preciso nas contratações e montou um time que hoje está, como não cansamos de dizer, em outro patamar: não só no cenário nacional, mas também no sul-americano. O treinador português Jorge Jesus soube usar as peças do elenco e fez do time do Flamengo um divisor de águas no futebol brasileiro. Não à toa o Mister se transformou num ídolo nacional em apenas seis meses.

Nas próximas páginas você poderá relembrar como foram as conquistas de 2019 de uma maneira que nunca viu.

Que o Flamengo siga brilhando em 2020!

Saudações rubro-negras.

DEU GOSTO DE VER
O FLAMENGO JOGAR

Foi uma temporada fantástica. O Flamengo perdeu o Mundial, mas levou todo o resto. Bateu diversos recordes. Esse grupo e toda a campanha entram para a história do clube. Deu gosto de ver o Flamengo jogar. Qualidade técnica, intensidade, profissionalismo e uma nova forma de atuar. Todos estão de parabéns.

Enquanto estive no Brasil, sempre acompanhei o Flamengo. No Maracanã, fui a todas as partidas possíveis. Seja a fase boa, seja ruim, eu sou Flamengo. Não sou daqueles que vai só quando o time está bem, não. E mesmo fora, no Japão, coloquei o relógio para despertar, a fim de ver os últimos jogos.

Esse time ficará marcado, sem dúvidas. Não é fácil alcançar os números que esses jogadores conseguiram, além dos títulos. Se você consegue vitórias e recordes, mas não ganha, é uma coisa. O que eles conseguiram é outra. Ganharam e fizeram por merecer.

Outro fator importante de se ressaltar é que os jogadores retribuíram todo o investimento feito neles. Os caras sentiram o quanto custaram e dentro de campo demonstraram seu valor. É um time que será lembrado pela bela campanha, e espero que continue assim, que consigam manter esse espírito. É muito bom ver o Flamengo da forma como está.

Nessa temporada, acredito que o time teve vários destaques. É até injusto falar desse ou daquele jogador. A equipe foi coletivamente muito bem. Nos momentos em que foi preciso fazer gol, o trio de ataque não deixou a desejar. Tanto é que Gabigol, Bruno Henrique e Arrascaeta foram os três maiores artilheiros do time no ano. O Arrascaeta, mesmo vindo mais de trás, criou muitas jogadas e marcou muitos gols. O Gerson se adaptou muito bem ao meio-campo e fez grandes partidas. Alcançou um bom equilíbrio com o Willian Arão, sem o sobrecarregar na marcação. Já o Éverton Ribeiro voltou a ser aquele jogador com criatividade e participação intensa. Na defesa, principalmente com a chegada do Rafinha e do Filipe Luís, o time melhorou e manteve um bom padrão. Ficou mais ofensivo, lógico, e muitas vezes isso fez com que o Marí e o Rodrigo Caio tivessem mais dificuldades, mas eles foram, da mesma forma, muito bem. E o Diego Alves, toda vez que foi solicitado, deu conta do recado.

Então, foi um time com um padrão de jogo e uma filosofia muito boa. A equipe permaneceu muito coesa e unida e cumpria bem o que estava programado. Vimos muitas jogadas ensaiadas bem-sucedidas. Jogadas que eram bem treinadas. Acho que o Jorge Jesus conseguiu tirar muito da equipe, o que foi importante para que as conquistas aparecessem e a torcida voltasse a sorrir, ficar feliz, acreditar, lotar os estádios e bater recorde de público. Isso prova que, mesmo na derrota, o trabalho foi bem-feito.

Entre os momentos mais marcantes desse ano de 2019, fico, sem dúvida, com a virada da Libertadores nos minutos finais. A forma como o time superou todas as dificuldades, inclusive a boa marcação do River Plate, foi incrível. Em nenhum momento o Flamengo se afobou, se apavorou ou recorreu a chutões. Jogou futebol e, quando teve as chances, virou o jogo. Esse foi o momento mais memorável, embora o time tenha demonstrado sua força durante todo o ano. Mesmo na adversidade, o Flamengo manteve seu padrão e sua filosofia. E é isso que faz um time campeão.

Zico

O ELENCO DE 2019

1 Diego Alves
Goleiro

37 César
Goleiro

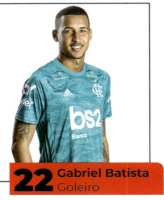
22 Gabriel Batista
Goleiro

45 Hugo Souza
Goleiro

3 Rodrigo Caio
Zagueiro

4 Pablo Marí
Zagueiro

26 Thuler
Zagueiro

44 Rhodolfo
Zagueiro

55 Dantas
Zagueiro

58 Rafael Santos
Zagueiro

2 Rodinei
Lateral direito

32 João Lucas
Lateral direito

13 Rafinha
Lateral direito

6 Renê
Lateral esquerdo

16 Filipe Luís
Lateral esquerdo

5 Willian Arão
Volante

 **8** Gerson — Volante
 **15** Vinícius Souza — Volante
 **17** Hugo Moura — Volante
 **25** Piris Da Motta — Volante

 **7** Éverton Ribeiro — Meia
 **10** Diego — Meia
 **14** Arrascaeta — Meia
 **19** Reinier — Meia

 **40** Pepê — Meia
 **9** Gabriel — Atacante
 **11** Vitinho — Atacante
 **27** Bruno Henrique — Atacante

 **23** Lucas Silva — Atacante
 **28** Berrío — Atacante
 **29** Lincoln — Atacante
 **54** Vítor Gabriel — Atacante

© Alexandre Vidal & Marcelo Cortes / Flamengo

COMISSÃO TÉCNICA

Diretor de Futebol
Bruno Spindel

Gerente de Futebol
Paulo Pelaipe

Supervisor
Gabriel Skinner

Gerente de Transição
Carlos Noval

Técnico
Jorge Jesus

Auxiliar Técnico
João de Deus

Auxiliar Técnico
Tiago Oliveira

Auxiliar Técnico
Marcelo Salles

Preparador Físico
Mario Monteiro

Preparador Físico
Marcio Sampaio

Preparador Físico
Alexandre Sanz

Preparador Físico
Roberto Oliveira Junior

Preparador de Goleiros
Wagner Miranda

Preparador de Goleiros
Nielsen Elias

Analista de Desempenho
Gil Henriques

Analista de Desempenho
Rodrigo Araújo

Analista de Desempenho
Wellington Salles

Analista de Desempenho
Carlos Eduardo Furtado

Analista de Desempenho
Eduardo Coimbra

Mental Coach
Evandro Mota

Médico
Marcio Tannure

Médico
João Marcelo

Médico
Gustavo Caldeira

Médico
Serafim Borges

Médico
Luiz Claudio Baldi

Analista de Performance
Roberto Drummond

Fisioterapeuta
Mario Peixoto

Fisioterapeuta
Walteriano da Silva

Fisioterapeuta
Eduardo Calçada

Fisioterapeuta
Fabiano Bastos

Enfermeiro
Alex Ribeiro da Silva

Massagista
Adenir Silva

Massagista
Jorge Luiz Domingos

Roupeiro
Cleber Reis do Nascimento

Roupeiro
Moisés Azevedo Santos

Roupeiro
Sidney Bernardes

Nutricionista
Silvia Ferreira

Nutricionista
Thiago Monteiro

Coordenador de Imprensa
Vinicius Castro

Assessor de imprensa
Marcelo Flaeschen

Analista de Comunicação
Yuri Palopoli

Fotógrafo
Alexandre Vidal

Secretária
Marina Lacerda

Segurança
Fábio Machado

Segurança
Munir dos Santos Andrade

Segurança
Magno Silva

Segurança
Leandro Magalhães

Motorista
Jorge Moraes

CONSELHO DIRETOR
Presidente
Luiz Rodolfo Landim Machado
CEO
Reinaldo Belotti
Vice-Presidente Geral e de Procuradoria Geral
Rodrigo Villaça Dunshee de Abranches
Vice-Presidente de Administração
Jaime Correia da Silva
Vice-Presidente de Comunicação e Marketing
Gustavo Carvalho de Oliveira
Vice-Presidente de Consulados e Embaixadas
Maurício Gomes de Mattos
Vice-Presidente de Departamento de Futebol de Base
Vitor Zanelli
Vice-Presidente de Esportes Olímpicos
Delano Octavio J. Franco
Vice-Presidente de Finanças
Wallim Cruz de Vasconcellos Junior
Vice-Presidente do Fla-Gávea
Gustavo Gomes Fernandes
Vice-Presidente de Futebol
Marcos Teixeira Braz
Vice-Presidente de Gabinete da Presidência
Adalberto Ribeiro da Silva Neto
Vice-Presidente de Patrimônio
Gilney Penna Bastos
Vice-Presidente de Patrimônio Histórico
Roberto Magalhães Diniz
Vice-Presidente de Planejamento
Artur Rocha Neto
Vice-Presidente de Relações Externas
Luiz Eduardo Baptista Pinto da Rocha
Vice-Presidente de Remo
Raul Bagattini
Vice-Presidente de Responsabilidade Social e Ambiental
Walter D'Agostino
Vice-Presidente de Secretaria
Paulo Cesar dos Santos Pereira Filho
Vice-Presidente de Tecnologia da Informação
Alexandre de Souza Pinto
Diretor de Gabinete da Presidência
Fernando Coutinho
Diretor de Relações Externas
Luis Cláudio Cotta

ASSEMBLEIA GERAL
Presidente: Marcelo Conti Baltazar
Vice-Presidente: Carlos Henrique Fernandes dos Santos

CONSELHO DELIBERATIVO
Presidente: Antonio Alcides Pinheiro da Silva Freire
Vice-Presidente: Gil Bernardo Borges Leal
Secretário: Paulo Cezar da Costa Mattos Ribeiro
Secretário: José Muiños Piñeiro Filho

CONSELHO DE ADMINISTRAÇÃO
Presidente: Bernardo Amaral do Amaral
Vice-Presidente: Delair Dumbrosck Mello
Secretário: Eduardo Bezerra de M. Carreirão da Silva

CONSELHO DOS GRANDES BENEMÉRITOS
Presidente: Moyses Saul Akermam
Vice-Presidente: Túlio Cristiano Machado Rodrigues
Secretário: Sidney Marcello

CONSELHO FISCAL
Presidente: Sebastião Pedrazzi
Vice-Presidente: José Pires da Costa Filho
Secretário: Edgard Augusto Duarte de Moraes

© Alexandre Vidal & Marcelo Cortes / Flamengo

FICOU MARCADO NA HISTÓRIA

Uma longa espera. Precisamente 38 anos. Mas valeu a pena. Com um futebol de encher de orgulho a nação rubro-negra, o Flamengo voltou a conquistar a Copa Libertadores, coroando um fantástico e inesquecível 2019. Campeão Carioca e Brasileiro, o Mengão foi soberano, quebrou recordes e encantou com um estilo de jogo ofensivo, idealizado pelo técnico português Jorge Jesus e muito bem executado por craques que brilharam na temporada. O time titular caiu nas graças dos torcedores e "amassou" os rivais. Não houve quem não cedesse ao impressionante ataque de Gabigol, Bruno Henrique e Arrascaeta, que, juntos, marcaram 96 dos 153 gols do time no ano.

O meia Éverton Ribeiro, os volantes Willian Arão e Gerson, os laterais Rafinha e Filipe Luís, os zagueiros Rodrigo Caio e Pablo Marí e o goleiro Diego Alves, assim como os outros jogadores, membros da comissão técnica, dirigentes e funcionários do clube, trabalharam juntos para que o Flamengo voltasse a conquistar a hegemonia no Rio de Janeiro, no Brasil e na América do Sul. Faltou o Mundial de Clubes, sim. Mas a qualidade do jogo do Fla contra o Liverpool, campeão europeu, não deixou dúvida da força da equipe.

Alto investimento e muito profissionalismo: o clube chegou ao final da temporada em outro patamar – como gostam de dizer os torcedores –, colhendo os frutos de uma administração séria e competente e ficando muito à frente de seus rivais. Prova disso foi a histórica campanha no Brasileirão, com recorde de pontos, vitórias, gols, invencibilidade, entre outras marcas inéditas.

O apoio incondicional da torcida rubro-negra, entoando a música hit da arquibancada "Em dezembro de 81", foi inesquecível. Ficou marcado na história, mesmo. No Maracanã, a média de público superou 56 mil pessoas. No Peru e no Catar, a presença da nação também foi massiva.

E, para celebrar e guardar para sempre na memória essa temporada, o livro *Vencemos juntos: O futebol do Flamengo em 2019* traz um resumo dos 76 jogos do time no ano, fichas técnicas e detalhes das partidas, além das estatísticas e fotos de todos os jogadores que vestiram o manto do mais querido do mundo. Tudo sobre um dos anos mais vitoriosos do clube em seus 124 anos de história está nestas páginas. Esperamos que você goste e se emocione de novo, porque esse ano também é seu. Isso aqui é Flamengo!

Marcelo Cortes / Flamengo

A alegria de ser rubro-negro

"Que ano especial, que orgulho desse time e dessa grande torcida. Obrigado, Senhor, por esse ano que ficará marcado em nossos corações! Uma vez Flamengo, Flamengo até morrer!"
Gabriel

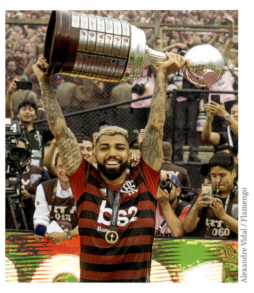

"É uma temporada para entrar na história. Todas as situações que vivemos esse ano. Ganhamos Carioca, Libertadores e Brasileiro. Um ano especial."
Diego Alves

"Orgulho desse grupo. Obrigado, nação, por um ano incrível."
Arrascaeta

"Orgulho de cada um de vocês! Sonhamos e lutamos por títulos até o fim. Em cada partida, deixamos tudo em campo com a camisa do Flamengo e mostramos ao mundo a nossa força. Obrigado, nação!"
Bruno Henrique

"Temos que mostrar que os campeões querem sempre mais. É essa a mensagem que os jogadores recebem de mim. O hino do Flamengo diz 'vencer, vencer, vencer'. E foi isso que procuramos fazer."
Jorge Jesus

"Foi um processo muito complicado e árduo. Tem que ter muita força, muita resiliência até o grande objetivo. Não digo final, porque o Flamengo entra, a partir de agora, em outro patamar."
Diego

"Fui de ônibus em uma viagem que durou seis dias do Rio de Janeiro para Lima e seis dias para voltar para casa. Mas valeu a pena todo o esforço para estar presente na história do meu time de coração."

Reginaldo Alves de Souza, 52 anos, Duque de Caxias (RJ)

"Acompanho o Flamengo desde que nasci e ter vivido esse ano é algo fora de série. Formamos um grupo para ir a todos os jogos no Maracanã. No fim, não podíamos ficar de fora. Compra de passagens e ingressos antecipados, troca de voos, foi uma saga. Mas valeu cada minuto. Ficou marcado na história."

Daniel Elia, 37 anos, Rio de Janeiro (RJ)

"Em 2008 chorei como torcedor. Sofri. Mas Deus faz tudo no tempo dele. Onze anos depois, a competição que me fez chorar de tristeza se tornou minha maior conquista. É simplesmente indescritível ser campeão no clube que eu amo. Isso aqui é Flamengo."

Gerson

"Foi à Flamengo, sofrido até o fim. Muito melhor do que eu sonhava. Estão todos de parabéns. A torcida invadiu Lima e vários estádios do Brasil. Valeu a pena esse sacrifício."

Éverton Ribeiro

"Não é por acaso que colocaram o apelido de Gabigol nele. Ele pode estar numa final em Lima, ficar noventa minutos sem fazer uma jogada perigosa, ficar muito tempo sem tocar na bola, mas de um momento para outro: gol do Gabigol."

Jorge Jesus

"As minhas conquistas eu gosto de marcar, e tatuagem é uma forma que eu encontro. Com certeza essa daí vai ter um espacinho no meu corpo, no meu braço de preferência, que é onde tatuo minhas taças. Com certeza vai estar marcado."

Rafinha

A música do ano
Em dezembro de 81
Botou os ingleses na roda
3 a 0 no Liverpool
Ficou marcado na história
E no Rio não tem outro igual
Só o Flamengo é campeão mundial
E agora seu povo
Pede o mundo de novo

Dá-lhe, dá-lhe, dá-lhe, Mengo
Pra cima deles, Flamengo!
Dá-lhe, dá-lhe, dá-lhe, Mengo
Pra cima deles, Flamengo!

"Faria outras muitas mil dívidas para ir atrás do Mengão, como fiz esse ano. As viagens para Lima e Doha foram feitas com sacrifício e luta, mas que em 2020 se repita tudo isso... Obrigado, Flamengo!"
Marcelo Gonçalves, 42 anos, Rio de Janeiro (RJ)

"Ganhei a viagem e o ingresso para a final de Lima num sorteio, e foi uma das melhores sensações da minha vida. Até tatuei nas costas o ônibus que me levou para lá. Esse ano foi épico!"
Luiana Fernandes, 23 anos, Aracaju (SE)

CAMPANHA **DE 2019**

Nas competições oficiais, foram três títulos em 2019, igualando a temporada mais vitoriosa, de 1981, quando o Flamengo ganhou o Mundial, a Libertadores e o Carioca

Alexandre Vidal / Flamengo

Alexandre Vidal / Flamengo

Alexandre Vidal / Flamengo

Alexandre Vidal / Flamengo

Marcelo Cortes / Flamengo

Florida Cup

Em pé: Diego Alves, Renê, Rhodolfo, Willian Arão, Uribe e Léo Duarte.
Agachados: Cuéllar, Pará, Diego, Éverton Ribeiro e Vitinho

10/1 • ORLANDO CITY STADIUM (ORLANDO CITY-EUA)

SEMIFINAL

Flamengo **2 (4)**
Ajax - HOL **2 (3)**

Em sua estreia na Florida Cup, torneio amistoso de pré-temporada, o Flamengo fez bonito e conquistou o título. No primeiro jogo, contra o Ajax, o rubro-negro saiu atrás no placar, quando o experiente atacante Huntelaar fez o primeiro gol aos 15 minutos. Pouco depois, Uribe recebeu de Éverton Ribeiro e marcou um golaço, encobrindo o goleiro Lamprou. Ainda no primeiro tempo, Labyad voltou a colocar o Ajax na frente, aos 33 minutos. Mas, aos 42, novamente Uribe empatou, após aproveitar um rebote do goleiro em um chute de Diego de fora da área. Na decisão por pênaltis, o Fla venceu por 4 x 3 depois que Veltman acertou a trave e Magallán chutou para fora.

Árbitro: Estaban Rosano (Estados Unidos) | **Gols:** Huntelaar 15', Uribe 18' e 42' e Labyad 33' do 1º tempo | **Pênaltis:** Flamengo 4 (Piris da Motta, Rodinei, Trauco e Berrío) x 3 Ajax (Labyad, Lassina Traoré e De Wit / Veltman e Magallán perderam) | **Cartões amarelos:** Piris da Motta e Jean Lucas (Flamengo); Veltman e De Wit (Ajax)
FLAMENGO: Diego Alves, Pará (Rodinei, intervalo), Léo Duarte (Matheus Dantas, 17' do 2º tempo), Rhodolfo (Rodrigo Caio, intervalo) e Renê (Trauco, intervalo); Cuéllar (Ronaldo, 17' do 2º tempo), Willian Arão (Piris da Motta, intervalo), Diego (Jean Lucas, intervalo) e Éverton Ribeiro (Thiago Santos, 14' do 2º tempo) (Vítor Gabriel, 41' do 2º tempo); Vitinho (Berrío, intervalo) e Uribe (Henrique Dourado, intervalo). **Técnico:** Abel Braga
AJAX: Lamprou, Kristensen, Schuurs (Veltman, intervalo), Magallán e Sinkgraven (Bakker, 32' do 2º tempo), Eiting (Jensen, 41' do 2º tempo), Gravenberch (De Wit, 13' do 2º tempo) e Labyad; Cerny (Lang, 30' do 2º tempo), David Neres (Ekkelenkamp, 14' do 2º tempo) e Huntelaar (Lassina Traoré, intervalo). **Técnico:** Erik Ten Hag

---

FINAL

12/1 • ORLANDO CITY STADIUM (ORLANDO CITY-EUA)

Flamengo **1**
Eintracht Frankfurt - ALE **0**

Na decisão da Florida Cup, o Flamengo teve pela frente o Eintracht Frankfurt, então campeão da Copa da Alemanha e o sexto colocado no Campeonato Alemão. Com alguns reservas e muitas pratas da casa no começo da partida, o Flamengo acabou sendo pressionado no início do jogo pelo adversário, que entrou com sua equipe titular. Mas após a expulsão de Abraham, aos 25 minutos, o panorama da partida mudou. Pouco depois, aos 39 minutos, o Mengão abriu o placar com Jean Lucas, que aproveitou um passe de Rodinei para chutar no canto do goleiro Trapp. Na etapa final, com a entrada dos titulares, o Flamengo seguiu melhor e garantiu o título inédito.

Árbitro: Madcid Coric (Estados Unidos) | **Gol:** Jean Lucas 39' do 1º tempo | **Cartões amarelos:** Jean Lucas, Trauco e Rodrigo Caio (Flamengo); Russ (Eintracht Frankfurt); **Cartão vermelho:** Abraham (Eintracht Frankfurt) 25' do 1º tempo
FLAMENGO: César, Rodinei (Pará, intervalo), Rhodolfo, Rodrigo Caio e Trauco (Renê, intervalo); Piris da Motta (Cuéllar, intervalo), Ronaldo (Willian Arão, intervalo) e Jean Lucas (Diego, intervalo); Thiago Santos (Vitinho, intervalo), Vítor Gabriel (Éverton Ribeiro, intervalo) e Henrique Dourado (Uribe, intervalo). **Técnico:** Abel Braga
EINTRACHT FRANKFURT: Trapp (Zimmermann, intervalo); Abraham, Hasebe (Salcedo, intervalo) e Falette (N'Dicka, intervalo); Rode (Gelson Fernandes, intervalo), Stendera (Willems, intervalo), Danny da Costa (Fabián, intervalo), De Guzmán (Tawatha, intervalo) e Kostic (Hrgota, intervalo) (Gonçalo Paciência, 30' do 2º tempo); Rebic (Russ, intervalo) e Jovic (Haller, intervalo). **Técnico:** Adi Hütter

Florida Cup

Estatísticas

2 jogos
1 vitória
1 empate
0 derrota
3 gols marcados
2 gols sofridos

Artilheiros

Uribe	**2** gols
Jean Lucas	**1** gol

Assistências

Éverton Ribeiro	1
Rodinei	1

Jogadores utilizados
23

Quem mais jogou

Pará (LD)	2
Rodinei (LD)	2
Rhodolfo (Z)	2
Rodrigo Caio (Z)	2
Renê (LE)	2
Trauco (LE)	2
Cuéllar (V)	2
Ronaldo (V)	2
Willian Arão (V)	2
Piris da Motta (V)	2
Diego (M)	2
Jean Lucas (M)	2
Éverton Ribeiro (M)	2
Thiago Santos (M)	2
Vítor Gabriel (A)	2
Vitinho (A)	2
Uribe (A)	2
Henrique Dourado (A)	2
Diego Alves (G)	1
César (G)	1
Léo Duarte (Z)	1
Matheus Dantas (Z)	1
Berrío (A)	1

Classificação final

POS.	CLUBE	PG	J	V	E	D	GP	GC
1º	Flamengo	5	2	1	1	0	3	2
2º	Ajax-HOL	4	2	1	1	0	6	4
3º	Eintracht Frankfurt-ALE	3	2	1	0	1	2	2
4º	São Paulo	0	2	0	0	2	3	6

©Alexandre Vidal / Flamengo

Campeonato Carioca

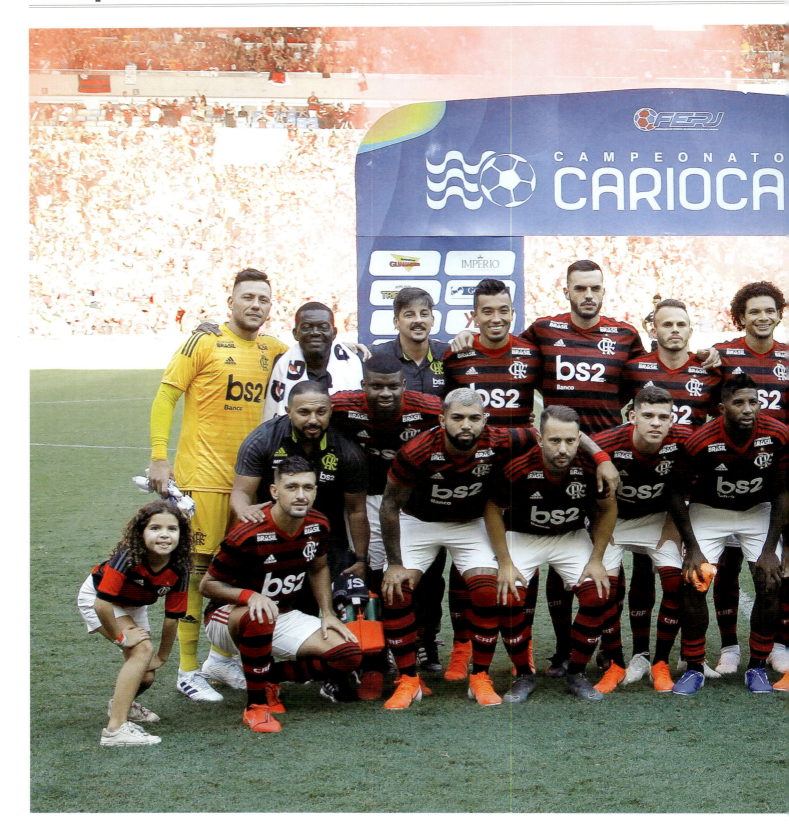

Em pé: Diego Alves, Uribe, Rhodolfo, Renê, Willian Arão, Juan, Léo Duarte, Rodrigo Caio, Hugo Moura, Thuler, Gabriel Batista e César.
Agachados: Arrascaeta, Lincoln, Gabriel, Éverton Ribeiro, Ronaldo, Rodinei, Vitinho, Diego, Pará e Trauco

Alexandre Vidal / Flamengo

20/1 • MARACANÃ (RIO DE JANEIRO-RJ)

1ª FASE | TAÇA GUANABARA

Flamengo 2
Bangu 1

Antes de entrar em campo para sua estreia no Campeonato Carioca de 2019, o Flamengo apresentou para sua torcida dois reforços: o centroavante Gabriel, ex-Santos e emprestado pela Internazionale de Milão-ITA, e o meia uruguaio Arrascaeta, ex-Cruzeiro. Na partida, depois de sair atrás no placar logo aos três minutos, o rubro-negro conseguiu a virada. Ainda no primeiro tempo, aos 15 minutos, Diego converteu um pênalti, marcado após a bola tocar no braço do volante Felipe Dias, que acabou expulso. No segundo tempo, o zagueiro Rhodolfo marcou de cabeça após um passe de Éverton Ribeiro. Pouco depois, aos 18 minutos, o mesmo Éverton sofreu um pênalti, desperdiçado por Diego.

Árbitro: Bruno Arleu de Araújo (RJ) | **Renda:** R$1.067.217,00 | **Público:** 43.761 (pagantes); 46.472 (presentes) | **Gols:** Anderson Lessa 3' e Diego 15' do 1º tempo; Rhodolfo 8' do 2º tempo | **Cartões amarelos:** Jean Lucas, Trauco e Rodrigo Caio (Flamengo); Anderson Lessa, Dieyson e Michel (Bangu) | **Cartão vermelho:** Felipe Dias (Bangu) 13' do 1º tempo
FLAMENGO: Diego Alves, Pará, Rhodolfo, Rodrigo Caio e Renê; Cuéllar, Willian Arão, Diego (Vítor Gabriel, 32' do 2º tempo) e Éverton Ribeiro (Piris da Motta, 38' do 2º tempo); Vitinho (Thiago Santos, 25' do 2º tempo) e Uribe. **Técnico:** Abel Braga
BANGU: Jefferson Paulino, Kelvin, Michel, Anderson Penna e Dieyson; Felipe Dias, Serginho (Josiel, 16' do 2º tempo), Marcos Júnior (Yaya Banhoro, 35' do 2º tempo) e Robinho; Pingo (Jairinho, 15' do 2º tempo) e Anderson Lessa. **Técnico:** Alfredo Sampaio

1ª FASE | TAÇA GUANABARA

Resende 1
Flamengo 1

Na estreia de Gabigol e Arrascaeta, o Flamengo, com um time misto montado por Abel Braga, visitou o Resende, em Volta Redonda, e ficou no empate por 1 x 1, com gols no primeiro tempo. Aos 18 minutos, o volante Joseph colocou o Resende na frente com um gol de cabeça, após uma cobrança de escanteio. Quatro minutos depois, o centroavante Henrique Dourado empatou com uma linda bicicleta no ângulo do gol de Ranule, após um cruzamento do lateral Trauco pela esquerda. Na etapa final, com Vitinho em campo, o Flamengo pressionou e quase chegou à virada, principalmente depois de uma cobrança de falta dele nos minutos finais.

23/1 • RAULINO DE OLIVEIRA (VOLTA REDONDA-RJ)

Árbitro: Rodrigo Nunes de Sá (RJ) | **Renda:** R$320.440,00 | **Público:** 12.572 (pagantes); 14.341 (presentes) | **Gols:** Joseph 18' e Henrique Dourado 22' do 1º tempo | **Cartões amarelos:** Jeanderson e Vitinho (Resende); Jean Lucas (Flamengo)
RESENDE: Ranule, Filipi Souza, Rhayne, Lucão e Jeanderson; Joseph (Sabão, 43' do 2º tempo), Anderson, Vitinho e Arthur Faria (Dieguinho, 39' do 2º tempo); Maxwell e Zambi (Jackson, 27' do 2º tempo). **Técnico:** Edson Souza
FLAMENGO: César, Rodinei, Léo Duarte, Matheus Dantas (Cuéllar, 30' do 2º tempo) e Trauco; Piris da Motta, Hugo Moura, Jean Lucas (Vitinho, 17' do 2º tempo) e Arrascaeta (Thiago Santos, 25' do 2º tempo); Gabriel e Henrique Dourado. **Técnico:** Abel Braga

Campeonato Carioca

1ª FASE | TAÇA GUANABARA

Botafogo 1
Flamengo 2

No primeiro clássico do ano, o Flamengo começou atrás no placar, pelo terceiro jogo seguido no Estadual, mas buscou a vitória com a estreia do atacante Bruno Henrique. Aos 22 minutos do primeiro tempo, o meia João Paulo desviou um chute de Jean, tirando o goleiro Diego Alves da jogada. No segundo tempo, com Bruno Henrique no lugar de Vitinho, o Fla chegou à virada. Aos 18 minutos, o atacante ganhou no alto, após cobrança de escanteio de Éverton Ribeiro, e empatou com um gol de cabeça. Logo depois, aos 25 minutos, o camisa 27 aproveitou uma sobra, após o cruzamento de Renê, e fuzilou o gol de Gatito Fernández para dar a vitória ao Flamengo.

26/1 • ENGENHÃO (RIO DE JANEIRO-RJ)

Árbitro: Maurício Machado Coelho Júnior (RJ) | **Renda:** R$391.846,00 | **Público:** 5.314 (pagantes); 6.268 (presentes) | **Gols:** João Paulo 22' do 1º tempo; Bruno Henrique 18' e 25' do 2º tempo | **Cartões amarelos:** Alex Santana (Botafogo); Diego e Bruno Henrique (Flamengo)
BOTAFOGO: Gatito Fernández, Marcinho, Marcelo Benevenuto, Gabriel e Jonathan (Lucas Barros, 14' do 2º tempo); Jean (Rodrigo Pimpão, 30' do 2º tempo), Alex Santana e João Paulo (Alan Santos, 37' do 1º tempo); Luiz Fernando, Erik e Kieza. **Técnico:** Zé Ricardo
FLAMENGO: Diego Alves, Pará, Rhodolfo, Rodrigo Caio e Renê; Cuéllar, Willian Arão, Diego (Piris da Motta, 32' do 2º tempo) e Éverton Ribeiro; Vitinho (Bruno Henrique, intervalo) e Uribe (Gabriel, 20' do 2º tempo). **Técnico:** Abel Braga

---

29/1 • MARACANÃ (RIO DE JANEIRO-RJ)

1ª FASE | TAÇA GUANABARA

Flamengo 3
Boavista 1

Árbitro: Rodrigo Carvalhaes de Miranda (RJ) | **Renda:** R$716.169,00 | **Público:** 32.650 (pagantes); 34.080 (presentes) | **Gols:** Henrique Dourado 39' do 1º tempo; Arthur 4', Uribe 31' e Rodrigo Caio 42' do 2º tempo | **Cartões amarelos:** Gabriel (Flamengo); Arthur (Boavista)
FLAMENGO: César, Rodinei, Léo Duarte, Rodrigo Caio e Trauco; Piris da Motta, Jean Lucas (Éverton Ribeiro, 24' do 2º tempo), Arrascaeta e Vitinho (Bruno Henrique, 14' do 2º tempo); Gabriel e Henrique Dourado (Uribe, 26' do 2º tempo). **Técnico:** Abel Braga
BOAVISTA: Rafael, Thiago Silva, Elivélton, Rafael Marques e Douglas Pedroso (Mosquito, 32' do 2º tempo); Jean (Christiano, 30' do 2º tempo), Faísca, Arthur Rezende e Dijá Baiano; Lucas (Tartá, 12' do 2º tempo) e Renan Donizete. **Técnico:** Eduardo Allax

Apoiado por mais de 34 mil torcedores no Maracanã, o Flamengo bateu o Boavista e garantiu sua vaga para a semifinal da Taça Guanabara. No primeiro tempo, Henrique Dourado pegou a sobra de um chute de Vitinho, no travessão, e abriu o placar para o Fla. Na segunda etapa, Arthur empatou para o Boavista logo aos quatro minutos. Depois, com as entradas de Éverton Ribeiro e Bruno Henrique, o rubro-negro melhorou na partida e chegou à vitória. Aos trinta minutos, o centroavante Uribe aproveitou um passe de Trauco para fazer 2 x 1 de pé direito. Já aos 42, o zagueiro Rodrigo Caio, de cabeça, após cobrança de escanteio de Éverton Ribeiro, selou a vitória.

©Alexandre Vidal / Flamengo

3/2 • MARACANÃ (RIO DE JANEIRO-RJ)

1ª FASE | TAÇA GUANABARA

Flamengo 4
Cabofriense 0

Líder do Grupo C e já classificado para a semifinal da Taça Guanabara, o Flamengo fez sua melhor apresentação no Carioca até então e goleou a Cabofriense por 4 x 0 no Maracanã. No primeiro tempo, Willian Arão, logo aos oito minutos, abriu o caminho da vitória com um gol de cabeça, após cobrança de escanteio de Diego. No segundo tempo, aos dez minutos, Arão retribuiu o passe e tocou para Diego, na pequena área, acertar uma bela bicicleta. No final do jogo, aos quarenta minutos, Arrascaeta marcou seu primeiro gol pelo clube, após uma assistência de Bruno Henrique. Já nos acréscimos, aos 46 minutos, Bruno Henrique recebeu passe de Gabriel e fechou a goleada.

Árbitro: Alexandre Vargas Tavares de Jesus (RJ) | **Renda:** R$1.059.495,00 | **Público:** 46.784 (pagantes); 49.365 (presentes) | **Gols:** Willian Arão 8' do 1º tempo; Diego 10', Arrascaeta 40' e Bruno Henrique 46' do 2º tempo | **Cartões amarelos:** Gabriel (Flamengo); Manoel (Cabofriense)
FLAMENGO: Diego Alves, Pará, Rhodolfo, Rodrigo Caio e Renê; Cuéllar, Willian Arão (Arrascaeta, 31' do 2º tempo), Diego e Éverton Ribeiro (Ronaldo, 37' do 2º tempo); Bruno Henrique e Uribe (Gabriel, 24' do 2º tempo). **Técnico:** Abel Braga
CABOFRIENSE: George, Pedro (Kaká Mendes, 21' do 2º tempo), Bruno Lima, Roberto Júnior e Manoel; Abuda, Valderrama (Rincon, intervalo), Marcelo Gama, Watson e Anderson Rosa; Marcus Índio (Dudu Pedrotti, 12' do 2º tempo). **Técnico:** Luciano Quadros

---

SEMIFINAL | TAÇA GUANABARA

Flamengo 0
Fluminense 1

14/2 • MARACANÃ (RIO DE JANEIRO-RJ)

A semifinal da Taça Guanabara entre Flamengo e Fluminense ficou marcada pela homenagem aos dez meninos que perderam a vida no incêndio que atingiu o Ninho do Urubu, no dia 8 de fevereiro: Arthur Vinícius, Áthila Paixão, Bernardo Pisetta, Christian Esmério, Gedson Santos, Jorge Eduardo, Pablo Henrique, Rykelmo Viana, Samuel Thomas e Vítor Isaías. Em campo, o Flamengo mostrou superioridade, criou mais chances de gol, mas acabou surpreendido nos acréscimos, quando levou um gol de Luciano aos 47 minutos, perdendo o jogo e a vaga na final da Taça Guanabara.

Árbitro: Rodrigo Carvalhaes de Miranda (RJ) | **Renda:** R$1.827.500,00 | **Público:** 50.251 (pagantes); 54.544 (presentes) | **Gol:** Luciano 47' do 2º tempo | **Cartões amarelos:** Cuéllar, Éverton Ribeiro, Gabriel, Bruno Henrique, Pará e Vitinho (Flamengo); Luciano, Everaldo, Digão, Aírton, Marcos Calazans e Matheus Ferraz (Fluminense)
FLAMENGO: Diego Alves, Pará, Rhodolfo, Rodrigo Caio e Renê; Cuéllar, Willian Arão, Diego (Vitinho, 41' do 2º tempo) e Éverton Ribeiro (Arrascaeta, 23' do 2º tempo); Bruno Henrique (Uribe, 36' do 2º tempo) e Gabriel. **Técnico:** Abel Braga
FLUMINENSE: Rodolfo, Ezequiel (Marcos Calazans, 25' do 2º tempo), Digão, Matheus Ferraz e Marlon (Caio Henrique, 34' do 2º tempo); Aírton, Bruno Silva e Daniel (Dodi, intervalo); Everaldo, Luciano e Yony González. **Técnico:** Fernando Diniz

Campeonato **Carioca**

1ª FASE | TAÇA RIO

Flamengo 4
Americano 1

24/2 • MARACANÃ (RIO DE JANEIRO-RJ)

Na estreia da Taça Rio, o Flamengo voltou a golear e venceu o Americano por 4 x 1 no Maracanã. O atacante Vitinho, com dois gols, foi o destaque da partida. Logo no primeiro minuto, o camisa 11 aproveitou um cruzamento de Pará e marcou, de cabeça. No início do segundo tempo, aos três minutos, Vitinho pegou a sobra de um chute de calcanhar de Gabriel (que bateu na trave) e fez 2 x 0. Pouco depois, aos seis minutos, Gabigol ampliou o placar, após passe de Arrascaeta, e fez seu primeiro gol com a camisa 9 rubro-negra. Nos minutos finais, o zagueiro Espinho descontou, de cabeça, após escanteio, e o meia Diego aumentou o placar para 4 x 1, com assistência de Berrío.

Árbitro: Marcelo de Lima Henrique (RJ) | **Renda:** R$578.979,00 | **Público:** 24.854 (pagantes); 26.405 (presentes) | **Gols:** Vitinho 1' do 1º tempo; Vitinho 3', Gabriel 6', Espinho 38' e Diego 41' do 2º tempo | **Cartão amarelo:** Marquinhos (Americano)
FLAMENGO: Diego Alves, Pará (Rodinei, 37' do 2º tempo), Léo Duarte, Rodrigo Caio e Renê; Cuéllar, Willian Arão (Henrique Dourado, 35' do 2º tempo), Diego e Arrascaeta; Vitinho (Berrío, 32' do 2º tempo) e Gabriel. **Técnico:** Abel Braga
AMERICANO: Luís Henrique, Léo Rosa (Sanderson, intervalo), Espinho, Júnior Santos e Vandinho; Abuda, Marquinhos, Leozinho (Gustavo Tonoli, intervalo) e Flamel; Romário (Matheus Gama, 24' do 2º tempo) e Rafinha. **Técnico:** Josué Teixeira

28/2 • RAULINO DE OLIVEIRA (VOLTA REDONDA-RJ)

1ª FASE | TAÇA RIO

Portuguesa 1
Flamengo 3

O entrosamento da dupla Gabriel e Bruno Henrique, companheiros no Santos em 2018, entrou em ação e o Flamengo conquistou uma boa vitória fora de casa, com dois gols no cominho da partida. Aos quatro minutos, Bruno Henrique aproveitou cruzamento de Gabriel e abriu o placar. No minuto seguinte, o papel se inverteu e Gabigol marcou após receber um cruzamento de Bruno Henrique. Na etapa final, o camisa 9 marcou mais um gol, finalizando de pé direito depois do cruzamento de Renê. Aos 34 minutos, a Portuguesa ainda descontou, com PK, que tocou na saída do goleiro Diego Alves.

Árbitro: Philip Georg Bennett (RJ) | **Renda:** R$130.260,00 | **Público:** 5.496 (pagantes); 6.831 (presentes) | **Gols:** Bruno Henrique 4' e Gabriel 5' do 1º tempo; Gabriel 24' e PK 34' do 2º tempo | **Cartões amarelos:** Emerson, Marcão, Romarinho e Fabinho (Portuguesa); Willian Arão e Berrío (Flamengo)
PORTUGUESA: Ruan, Filippe Formiga, Andrezinho (PK, intervalo), Marcão, Emerson e Zeca; Muniz (Douglas Eskilo, 7' do 2º tempo), Chacal, Diguinho e Romarinho; Tiago Amaral (Fabinho, 26' do 2º tempo). **Técnico:** Aílton Ferraz
FLAMENGO: Diego Alves, Pará, Léo Duarte, Rodrigo Caio e Renê; Willian Arão, Cuéllar, Diego (Berrío, 31' do 2º tempo) e Arrascaeta; Bruno Henrique (Vitinho, 27' do 2º tempo) e Gabriel (Uribe, 35' do 2º tempo). **Técnico:** Abel Braga

©Alexandre Vidal / Flamengo

9/3 • MARACANÃ (RIO DE JANEIRO-RJ)

1ª FASE | TAÇA RIO

Vasco 1
Flamengo 1

O Clássico dos Milhões pela Taça Rio ficou marcado pelo equilíbrio nas chances de gol (17 do Flamengo e 16 do Vasco) e terminou empatado em 1 x 1, com um lance polêmico já nos acréscimos. Depois de sair na frente no começo do segundo tempo, com Arrascaeta, que recebeu um belo passe de Vitinho para tocar na saída de Fernando Miguel, o Flamengo sofreu o gol de empate aos 49 minutos, no pênalti convertido por Maxi López. Após o término da partida, o atacante Bruno Henrique, por reclamação contra a penalidade de Thuler em Marrony, acabou expulso pelo árbitro Wagner do Nascimento Magalhães.

Árbitro: Wagner do Nascimento Magalhães (RJ) | **Renda:** R$1.150.768,00 | **Público:** 26.809 (pagantes); 29.226 (presentes) | **Gols:** Arrascaeta 2' e Maxi López 49' do 2º tempo | **Cartões amarelos:** Thiago Galhardo, Werley, Yago Pikachu e Maxi López (Vasco); Trauco, Éverton Ribeiro, Piris da Motta, Rodinei e Thuler (Flamengo) | **Cartão vermelho:** Bruno Henrique (Flamengo) após o jogo
VASCO: Fernando Miguel, Raul Cáceres, Werley, Leandro Castán e Danilo Barcelos; Raul (Ribamar, 29' do 2º tempo), Lucas Mineiro, Thiago Galhardo (Bruno César, 21' do 2º tempo), Yago Pikachu (Rossi, 13' do 2º tempo) e Marrony; Maxi López. **Técnico:** Alberto Valentim
FLAMENGO: César, Rodinei, Thuler, Hugo Moura e Trauco; Piris da Motta, Ronaldo, Arrascaeta e Éverton Ribeiro (Kleber, 31' do 2º tempo); Vitinho (Lucas Silva, 27' do 2º tempo) e Vítor Gabriel (Bruno Henrique, 21' do 2º tempo). **Técnico:** Abel Braga

---

1ª FASE | TAÇA RIO

Flamengo 0
Volta Redonda 0

16/3 • MARACANÃ (RIO DE JANEIRO-RJ)

Na partida contra o Volta Redonda, num sábado à noite no Maracanã – que contou com mais de 25 mil torcedores –, o Flamengo entrou em campo com time alternativo, escalado por Abel Braga. Mesmo dominando o jogo durante os noventa minutos e criando boas chances, principalmente com Arrascaeta e Uribe (que acertou o travessão), o Fla não conseguiu furar o bloqueio e ficou no 0 x 0. No final da partida, aos 46 minutos, o meia Hugo Moura, em posição legal, chegou a marcar um gol para o rubro-negro, anulado de maneira equivocada pela arbitragem.

Árbitro: Pathrice Wallace Corrêa Maia (RJ) | **Renda:** R$607.564,00 | **Público:** 25.342 (pagantes); 26.603 (presentes) | **Cartões amarelos:** Hugo Mota (Flamengo); Gelson (Volta Redonda)
FLAMENGO: Gabriel Batista, Rodinei, Thuler, Hugo Moura e Trauco; Piris da Motta, Ronaldo (Renê, 36' do 2º tempo), Arrascaeta, Lucas Silva (Diego, 15' do 2º tempo) e Vítor Gabriel (Kleber, 30' do 2º tempo); Uribe. **Técnico:** Abel Braga
VOLTA REDONDA: Douglas Borges, Luiz Gustavo, Heitor, Allan e Luiz Paulo; Bruno Barra, Bileu (Gelson, 35' do 2º tempo), Marcelo e Douglas Lima (Alyson Santos, 35' do 2º tempo); João Carlos e Wandinho (Fernandinho, 42' do 2º tempo). **Técnico:** Toninho Andrade

Campeonato **Carioca**

1ª FASE | TAÇA RIO

Madureira **0**
Flamengo **2**

Com mais uma boa atuação do centroavante Gabriel, o Flamengo bateu o Madureira por 2 x 0, no Maracanã, atuando como visitante. No primeiro tempo, o camisa 9 aproveitou a sobra de Willian Arão, que cabeceou na trave, e abriu o placar. Na segunda etapa, aos 34 minutos, o centroavante recebeu um cruzamento de Renê e definiu a vitória com um chute colocado de pé esquerdo. No final da partida, aos 42 minutos, o zagueiro Juan, com quarenta anos, entrou em campo e emocionou a torcida, voltando a atuar depois de seis meses por conta de uma lesão no tendão de aquiles. Nos minutos finais, ele foi ainda homenageado com a faixa de capitão, entregue pelo meia Diego.

19/3 • MARACANÃ (RIO DE JANEIRO-RJ)

Árbitro: Maurício Machado Coelho Júnior (RJ) | **Renda:** R$410.989,00 | **Público:** 16.548 (pagantes); 17.392 (presentes) | **Gols:** Gabriel 44' do 1º tempo; Gabriel 34' do 2º tempo | **Cartões amarelos:** Éverton e Guilherme Bala (Madureira); Gabriel e Pará (Flamengo)
MADUREIRA: Douglas, Arlen, Marcelo, Júnior Lopes e Rezende; Rodrigo Dantas, Bruno, Éverton (Alanzinho, 21' do 2º tempo) e Luciano Naninho; Derek (Guilherme Bala, 16' do 2º tempo) e Tássio. **Técnico:** Gaúcho
FLAMENGO: Diego Alves, Pará (Juan, 42' do 2º tempo), Léo Duarte, Rodrigo Caio e Renê; Willian Arão (Hugo Moura, 40' do 2º tempo), Ronaldo, Diego e Éverton Ribeiro; Bruno Henrique (Uribe, 20' do 2º tempo) e Gabriel. **Técnico:** Abel Braga

---

24/3 • MARACANÃ (RIO DE JANEIRO-RJ)

1ª FASE | TAÇA RIO

Flamengo **3**
Fluminense **2**

Árbitro: João Batista de Arruda (RJ) | **Renda:** R$1.547.146,00 | **Público:** 44.783 (pagantes); 48.385 (presentes) | **Gols:** Bruno Henrique 14' do 1º tempo; Bruno Henrique 5', Gabriel 13', Dodi 18' e João Pedro 26' do 2º tempo | **Cartões amarelos:** Renê, Ronaldo e Diego (Flamengo); Nino, Daniel, Igor Julião, Allan, Marcos Calazans e Marlon (Fluminense) | **Cartão vermelho:** Pablo Dyego (Fluminense), 48' do 2º tempo
FLAMENGO: Diego Alves, Pará, Léo Duarte, Rodrigo Caio e Renê; Ronaldo, Willian Arão, Diego (Lucas Silva, 39' do 2º tempo) e Éverton Ribeiro; Bruno Henrique (Vítor Gabriel, 48' do 2º tempo) e Gabriel (Uribe, 28' do 2º tempo). **Técnico:** Abel Braga
FLUMINENSE: Agenor, Igor Julião (Pablo Dyego, 30' do 2º tempo), Nino, Léo Santos e Marlon; Allan (João Pedro, 24' do 2º tempo), Daniel, Caio Henrique e Paulo Henrique Ganso; Mateus Gonçalves (Dodi, intervalo) e Marcos Calazans. **Técnico:** Fernando Diniz

Novamente com seus atacantes inspirados, o Flamengo venceu o clássico contra o Fluminense e garantiu sua vaga na semifinal da Taça Rio. Bruno Henrique, que havia marcado dois gols em sua estreia, contra o Botafogo, voltou a anotar mais dois no Fla-Flu e ainda deu um passe para Gabigol, que chegou ao seu oitavo gol em seis jogos seguidos. Renê e Diego deram as assistências para os gols de Bruno Henrique. Na etapa final, quando perdia por 3 x 0, o tricolor ainda marcou dois gols, diminuindo a diferença, mas sem evitar a derrota.

©Alexandre Vidal / Flamengo

27/3 • MARACANÃ (RIO DE JANEIRO-RJ)

SEMIFINAL | TAÇA RIO

Fluminense 1
Flamengo 2

Depois de três dias, Flamengo e Fluminense voltaram a se enfrentar e, mais uma vez, em uma semifinal no Carioca de 2019. Para vingar a derrota por um gol nos acréscimos na semi da Taça Guanabara, o Flamengo bateu o rival por 2 x 1, com Éverton Ribeiro marcando nos minutos finais. Depois de abrir o placar com Renê, que deu um chute cruzado, de fora da área, fazendo um belo gol aos 29 minutos do primeiro tempo, o Fluminense empatou aos 15 do segundo tempo, com Yony González. Mas, aos 49 minutos, Éverton Ribeiro, com categoria, converteu um pênalti sofrido por Lucas Silva e colocou o Mengão na final da Taça Rio.

Árbitro: Marcelo de Lima Henrique (RJ) | **Renda:** R$831.208,00 | **Público:** 21.973 (pagantes); 24.614 (presentes) | **Gols:** Renê 29' do 1º tempo; Yony González 15' e Éverton Ribeiro 49' do 2º tempo | **Cartões amarelos:** Luciano, Matheus Ferraz, Aírton, Dodi e Everaldo (Fluminense); Bruno Henrique, Ronaldo, Éverton Ribeiro, Willian Arão, Diego Alves e Pará (Flamengo) | **Cartões vermelhos:** Bruno Henrique (Flamengo) 50' do 1º tempo; Paulo Henrique Ganso (Fluminense) 51' do 2º tempo
FLUMINENSE: Rodolfo, Gilberto, Matheus Ferraz, Léo Santos (João Pedro, 50' do 2º tempo) e Caio Henrique; Aírton (Allan, 47' do 1º tempo), Bruno Silva (Dodi, 42' do 2º tempo) e Paulo Henrique Ganso; Everaldo, Luciano e Yony González. **Técnico:** Fernando Diniz
FLAMENGO: Diego Alves, Pará, Léo Duarte, Rodrigo Caio e Renê; Willian Arão, Ronaldo (Arrascaeta, 28' do 2º tempo), Éverton Ribeiro e Vitinho (Lucas Silva, 11' do 2º tempo); Bruno Henrique e Uribe (Vítor Gabriel, 33' do 2º tempo). **Técnico:** Abel Braga

---

FINAL | TAÇA RIO

31/3 • MARACANÃ (RIO DE JANEIRO-RJ)

Já classificado para a semifinal do Estadual, o Flamengo entrou em campo para a decisão da Taça Rio com o time reserva, pensando na partida contra o Peñarol pela Libertadores, que ocorreria quatro dias depois. Sem o técnico Abel Braga, que sofreu uma arritmia após o jogo contra o Fluminense, o Fla foi comandado pelo auxiliar técnico Leomir de Souza. Na decisão, o Flamengo foi buscar o resultado nos acréscimos novamente e empatou com Arrascaeta, de cabeça, aos 47 minutos, após um cruzamento de Bill. Na disputa por pênaltis, César pegou a cobrança de Tiago Reis, enquanto Rossi e Werley chutaram para fora. Vitória rubro-negra por 3 x 1 e festa para o título da Taça Rio, o nono na história do clube.

Árbitro: Rodrigo Nunes de Sá (RJ) | **Renda:** R$1.361.328,00 | **Público:** 34.776 (pagantes); 38.787 (presentes) | **Gols:** Tiago Reis 10' e Arrascaeta 47' do 2º tempo | **Pênaltis:** Vasco 1 (Danilo Barcelos / Rossi, Tiago Reis e Werley perderam) x 3 Flamengo (Vitinho, Arrascaeta e Uribe / Rodinei perdeu) | **Cartões amarelos:** Werley, Bruno César e Lucas Mineiro (Vasco); Trauco, Thuler e Vinícius Souza (Flamengo)
VASCO: Fernando Miguel, Raul Cáceres, Werley, Leandro Castán (Ricardo Graça, 21' do 1º tempo) e Danilo Barcelos; Bruno Silva (Raul, 44' do 1º tempo), Lucas Mineiro e Bruno César (Thiago Galhardo, 28' do 2º tempo); Rossi, Marrony e Tiago Reis. **Técnico:** Alberto Valentim
FLAMENGO: César, Rodinei, Thuler (Bill, 39' do 2º tempo), Rhodolfo e Trauco; Hugo Moura, Ronaldo (Vinícius Souza, 43' do 2º tempo), Arrascaeta e Vitinho; Lucas Silva (Vítor Gabriel, 25' do 2º tempo) e Uribe. **Técnico:** Leomir de Souza*

*Abel Braga estava afastado por problema cardíaco e não comandou o time

Campeonato **Carioca**

SEMIFINAL

Flamengo **1**
Fluminense **1**

Rivais nas semifinais da Taça Guanabara e da Taça Rio (com uma vitória para cada), Flamengo e Fluminense fizeram também a semifinal do Estadual 2019, com o rubro-negro jogando pelo empate por ter realizado melhor campanha nas fases anteriores. Precisando da vitória, o tricolor saiu na frente no final do primeiro tempo, com um gol de Gilberto, que segundos antes evitou que o Flamengo abrisse o placar, ao tirar uma bola em cima da linha. No segundo tempo, com Gabriel no lugar de Uribe, o Flamengo chegou ao empate, justamente com gol do camisa 9, aos 23 minutos. Após passe de Renê, Gabigol soltou a bomba, acertando o canto do goleiro Rodolfo e garantindo o Mengão na final.

6/4 • MARACANÃ (RIO DE JANEIRO-RJ)

Árbitro: Bruno Arleu de Araújo (RJ) | **Renda:** R$1.491.472,00 | **Público:** 43.035 (pagantes); 46.128 (presentes) | **Gols:** Gilberto 41' do 1º tempo; Gabriel 23' do 2º tempo | **Cartões amarelos:** Bruno Henrique, Willian Arão, Gabriel, Vitinho e Éverton Ribeiro (Flamengo); Gilberto, Nino e Bruno Silva (Fluminense)
FLAMENGO: Diego Alves, Pará, Léo Duarte, Rodrigo Caio e Renê; Willian Arão, Cuéllar, Diego (Arrascaeta, 18' do 2º tempo) e Éverton Ribeiro; Bruno Henrique (Vitinho, 30' do 2º tempo) e Uribe (Gabriel, intervalo). **Técnico:** Abel Braga
FLUMINENSE: Rodolfo, Gilberto, Matheus Ferraz, Nino (João Pedro, 33' do 2º tempo) e Caio Henrique; Bruno Silva, Dodi (Marcos Calazans, 33' do 2º tempo) e Daniel (Allan, 11' do 2º tempo); Luciano, Everaldo e Yony González. **Técnico:** Fernando Diniz

---

14/4 • ENGENHÃO (RIO DE JANEIRO-RJ)

FINAL

Vasco **0**
Flamengo **2**

Na primeira partida da final do Estadual de 2019, Vasco e Flamengo se enfrentaram no Engenhão. Os pouco mais de dez mil torcedores viram brilhar novamente a estrela de Bruno Henrique num clássico. Depois de marcar dois no Botafogo na Taça Guanabara e mais dois no Fluminense na Taça Rio, o camisa 27 fez os dois gols que garantiram a vitória do Flamengo na primeira partida da decisão. Com isso, tornou-se o artilheiro da competição, com oito gols. No segundo tempo, Bruno Henrique marcou aos dez e depois aos trinta minutos, dando uma boa vantagem ao Mengão, que foi para o segundo jogo podendo perder por um gol de diferença para se sagrar campeão.

Árbitro: Rodrigo de Nunes Sá (RJ) | **Renda:** R$521.920,00 | **Público:** 9.976 (pagantes); 10.854 (presentes) | **Gols:** Bruno Henrique 10' e 30' do 2º tempo | **Cartões amarelos:** Lucas Mineiro e Raúl Cáceres (Vasco); Bruno Henrique (Flamengo)
VASCO: Fernando Miguel, Raúl Cáceres, Werley, Leandro Castán e Danilo Barcelos; Raul, Lucas Mineiro, Bruno César (Lucas Santos, intervalo) e Yago Pikachu; Marrony (Yan Sasse, 20' do 2º tempo) e Maxi López (Tiago Reis, 29' do 2º tempo). **Técnico:** Alberto Valentim
FLAMENGO: Diego Alves, Pará, Léo Duarte, Rodrigo Caio e Renê; Cuéllar, Willian Arão, Arrascaeta (Lincoln, 44' do 2º tempo) e Éverton Ribeiro (Diego, 36' do 2º tempo); Bruno Henrique e Gabriel (Vitinho, 31' do 2º tempo). **Técnico:** Abel Braga

©Alexandre Vidal / Flamengo

FINAL

21/4 • MARACANÃ (RIO DE JANEIRO-RJ)

Flamengo 2
Vasco 0

Na decisão do Campeonato Carioca de 2019, o Flamengo comprovou sua superioridade técnica: foi para cima do rival, mesmo podendo perder por um gol para ser campeão, e voltou a vencer por 2 x 0, conquistando seu 35º título estadual. No primeiro tempo, logo aos 15 minutos, o volante Willian Arão jogou um balde de água fria nas esperanças vascaínas, marcando um gol de cabeça, após levantamento de Arrascaeta. Na etapa final, Vitinho, aos 38 minutos, recebeu de Diego e confirmou a vitória com um belo chute. Festa rubro-negra no Maraca, que viu o zagueiro Juan, mesmo sem ter entrado em campo, levantar a taça, para delírio dos mais de 47 mil torcedores.

Árbitro: Rodrigo Carvalhaes de Miranda (RJ) | **Renda:** R$2.152.256,00 | **Público:** 47.995 (pagantes); 52.398 (presentes) | **Gols:** Willian Arão 15' do 1º tempo; Vitinho 38' do 2º tempo | **Cartões amarelos:** Diego, Gabriel e Cuéllar (Flamengo); Leandro Castán, Danilo Barcelos, Bruno César, Raul e Maxi López (Vasco) | **Cartão vermelho:** Werley (Vasco) 42' do 2º tempo
FLAMENGO: Diego Alves, Pará, Léo Duarte, Rodrigo Caio e Renê; Cuéllar, Willian Arão, Diego e Éverton Ribeiro (Lincoln, 39' do 2º tempo); Arrascaeta (Vitinho, 34' do 2º tempo) e Gabriel (Ronaldo, 34' do 2º tempo). **Técnico:** Abel Braga
VASCO: Fernando Miguel, Raul Cáceres (Bruno César, 16' do 2º tempo), Werley, Leandro Castán e Danilo Barcelos; Raul, Lucas Mineiro e Yago Pikachu; Yan Sasse (Ribamar, 24' do 2º tempo), Marrony e Lucas Santos (Maxi López, intervalo). **Técnico:** Alberto Valentim

Campeonato **Carioca**

©Alexandre Vidal / Flamengo

Estatísticas

17 jogos
11 vitórias
5 empates
1 derrota
33 gols marcados
13 gols sofridos

Artilheiros

Bruno Henrique	**8** gols
Gabriel	**7** gols
Arrascaeta	**3** gols
Diego	**3** gols
Vitinho	**3** gols
Henrique Dourado	**2** gols
Willian Arão	**2** gols
Éverton Ribeiro	**1** gol
Renê	**1** gol
Rhodolfo	**1** gol
Rodrigo Caio	**1** gol
Uribe	**1** gol

Assistências

Bruno Henrique	4
Éverton Ribeiro	4
Renê	4
Diego	3
Arrascaeta	2
Gabriel	2
Trauco	2
Berrío	1
Bill	1
Pará	1
Willian Arão	1

Jogadores utilizados
35

Campeonato **Carioca**

Quem mais jogou

Jogador	Jogos
Rodrigo Caio (Z)	13
Renê (LE)	13
Arrascaeta (M)	13
Vitinho (A)	13
Diego Alves (G)	12
Pará (LD)	12
Willian Arão (V)	12
Diego (M)	12
Éverton Ribeiro (M)	12
Gabriel (A)	12
Uribe (A)	12
Bruno Henrique (A)	11
Léo Duarte (Z)	10
Cuéllar (V)	10
Ronaldo (V)	8
Rodinei (LD)	6
Piris da Motta (V)	6
Vítor Gabriel (A)	6
Rhodolfo (Z)	5
Trauco (LE)	5
Hugo Moura (M)	5
Lucas Silva (A)	5
César (G)	4
Thuler (Z)	3
Henrique Dourado (A)	3
Klebinho (LD)	2
Jean Lucas (M)	2
Thiago Santos (M)	2
Lincoln (A)	2
Berrío (A)	2
Gabriel Batista (G)	1
Juan (Z)	1
Matheus Dantas (Z)	1
Vinícius Souza (M)	1
Bill (A)	1

Classificação final

POS.	CLUBE	PG	J	V	E	D	GP	GC
1º	Flamengo	38	17	11	5	1	33	13
2º	Vasco	36	18	11	3	4	24	14
3º	Fluminense	25	15	7	4	4	26	13
4º	Bangu	22	13	7	1	5	14	11
5º	Volta Redonda	18	11	5	3	3	13	14
6º	Cabofriense	15	11	4	3	4	14	12
7º	Boavista	14	11	4	2	5	11	18
8º	Botafogo	13	11	3	4	4	15	13
9º	Resende	10	11	2	4	5	10	13
10º	Madureira	7	11	1	4	6	6	14
11º	Americano	6	11	1	3	7	7	21
12º	Portuguesa	5	11	1	2	8	6	20
13º	Nova Iguaçu	12	6	4	0	2	7	3
14º	Macaé	9	6	2	3	1	5	6
15º	América	8	6	2	2	2	6	6
16º	Goytacaz	4	6	1	1	4	5	8

©Alexandre Vidal / Flamengo

"São várias lembranças especiais do Maracanã. Me recordo de vários jogos, desde o Carioca. Foram poucos que perdemos em casa. Sentiram a força de nossa torcida. Foi um ano especial para todos os flamenguistas. Quem joga no Maracanã contra nós, sofre."
Gabriel

"Os adeptos do Flamengo são impressionantes."
Jorge Jesus

"A nação flamenguista há quarenta anos sonha com isso, uma geração que vai ficar marcada como ficou em 1981 a equipe do Zico."
Jorge Jesus

"O gigante acordou! Obrigado, nação rubro-negra, pelo carinho!"
Arrascaeta

"Um grupo fantástico, unido e trabalhador que fez desse ano um ano histórico. Orgulho imenso de fazer parte desse Flamengo, e obrigado, nação, pelo apoio incondicional."
Rodrigo Caio

"Já falei e vou falar de novo: nós estamos em outro patamar. Esquece, é tudo nosso, nada deles."
Bruno Henrique

"Eu ainda estava atordoado pela sensação provocada pelo empate e, de repente, a vibração confusa foi complementada pela avalanche com o gol da virada no estádio em Lima. Eu estive lá e o que importa é: senti!"
Cipriano Cizenando, 34 anos, Rio de Janeiro (RJ)

"Fazer uma viagem de uma semana para Oruro, na Bolívia, para ver a estreia do Flamengo na Libertadores e perder o Carnaval por completo em 2019 foi algo inusitado. Mas valeu a logística complicada para voltar de lá com a vitória."
André Marinho Gaudio, 39 anos, Rio de Janeiro (RJ)

Copa do Brasil

Em pé: Diego Alves, Bruno Henrique, Léo Duarte, Renê, Rodrigo Caio e Willian Arão.
Agachados: Gabriel, Pará, Piris da Motta, Éverton Ribeiro e Diego

OITAVAS DE FINAL

Corinthians 0
Flamengo 1

Vice-campeão brasileiro de 2018, o Flamengo entrou automaticamente nas oitavas de final da Copa do Brasil de 2019 e pegou o Corinthians, para quem havia sido eliminado na semifinal de 2018. Na partida de ida, o rubro-negro se impôs no campo adversário, principalmente na etapa final, quando fez 1 x 0, com um lindo gol de cabeça de Willian Arão, que aproveitou uma ótima jogada de Bruno Henrique pela esquerda. Melhor em campo, o Mengão teve até chances de aumentar o placar, principalmente com Bruno Henrique, que parou em duas grandes defesas de Cássio. Essa foi a segunda vitória seguida do Fla na Arena Corinthians, pois já havia ganhado por 3 x 0 no Brasileirão do ano anterior.

15/5 • ARENA CORINTHIANS (SÃO PAULO-SP)

Árbitro: Anderson Daronco (RS) | **Renda:** R$2.010.205,00 | **Público:** 30.364 (pagantes); 30.693 (presentes) | **Gol:** Willian Arão 33' do 2º tempo | **Cartões amarelos:** Henrique e Clayson (Corinthians); Éverton Ribeiro (Flamengo)
CORINTHIANS: Cássio, Fágner, Manoel, Henrique e Danilo Avelar; Ralf, Sornoza (Júnior Urso, 35' do 2º tempo) e Mateus Vital (Pedrinho, 11' do 2º tempo); Vágner Love, Boselli (Jadson, 16' do 2º tempo) e Clayson.
Técnico: Fábio Carille
FLAMENGO: Diego Alves, Pará, Léo Duarte, Rodrigo Caio e Renê; Cuéllar, Willian Arão, Arrascaeta (Diego, 26' do 2º tempo) e Éverton Ribeiro (Lincoln, 45' do 2º tempo); Bruno Henrique e Gabriel (Vitinho, 37' do 2º tempo). **Técnico:** Abel Braga

Copa do **Brasil**

OITAVAS DE FINAL

Flamengo 1
Corinthians 0

Com Marcelo Salles como técnico interino, o Flamengo recebeu o Corinthians no jogo volta das oitavas da Copa do Brasil. A partida foi eletrizante, com grandes chances de gol dos dois lados. No primeiro tempo, o Corinthians acertou o travessão de Diego Alves num chute forte de Ralf de fora da área. O Fla respondeu com boas cabeçadas de Léo Duarte e Éverton Ribeiro, defendidas por Cássio. No segundo tempo, Bruno Henrique acertou a trave corintiana em outro lance de cabeça. E no final da partida, aos 43 minutos, Rodrigo Caio recebeu um ótimo passe de Éverton Ribeiro e marcou de cabeça, garantindo a vitória e a classificação ao Mengão.

4/6 • MARACANÃ (RIO DE JANEIRO-RJ)

Árbitro: Leandro Pedro Vuaden (RS) | **Renda:** R$3.571.041,25 | **Público:** 55.586 (pagantes); 60.151 (presentes) | **Gol:** Rodrigo Caio 43' do 2º tempo | **Cartões amarelos:** Léo Duarte e Gabriel (Flamengo) e Michel e Clayson (Corinthians)
FLAMENGO: Diego Alves, Pará, Rodrigo Caio, Léo Duarte e Renê; Piris da Motta, Willian Arão (Ronaldo, 37' do 2º tempo), Diego e Éverton Ribeiro (Berrío, 48' do 2º tempo); Bruno Henrique (Vitinho, 30' do 2º tempo) e Gabriel. **Técnico:** Marcelo Salles
CORINTHIANS: Cássio, Michel, Manoel, Henrique e Danilo Avelar; Ralf (Régis, 43' do 2º tempo), Júnior Urso (Boselli, 31' do 2º tempo), Sornoza (Gustavo, 19' do 2º tempo) e Jadson; Vágner Love e Clayson. **Técnico:** Fábio Carille

©Alexandre Vidal / Flamengo

QUARTAS DE FINAL

Athletico-PR 1
Flamengo 1

A estreia do técnico Jorge Jesus foi marcada por muita polêmica envolvendo a arbitragem e o VAR na Arena da Baixada. No primeiro tempo, o Athletico Paranaense teve dois gols anulados por impedimentos. Na segunda etapa, aos quatro minutos, o Furacão saiu na frente, com um gol do zagueiro Léo Pereira, após cobrança de escanteio de Nikão. Quinze minutos depois, Gabigol empatou o jogo, aproveitando uma cobrança de lateral de Renê e um vacilo da defesa do time paranaense, ao tocar por cima do goleiro Santos. Ainda no segundo tempo, o árbitro Anderson Daronco marcou pênalti de Renê sobre Marcelo Cirino, mas depois de sete minutos de revisão voltou atrás.

10/7 • ARENA DA BAIXADA (CURITIBA-PR)

Árbitro: Anderson Daronco (RS) | **Renda:** R$982.465,00 | **Público:** 21.306 (pagantes); 22.825 (presentes) | **Gols:** Léo Pereira 4' e Gabriel 19' do 2º tempo | **Cartões amarelos:** Léo Pereira (Athletico-PR); Rodinei (Flamengo)
ATHLETICO-PR: Santos, Jonathan, Léo Pereira, Lucas Halter (Robson Bambu, 7' do 2º tempo) e Márcio Azevedo; Wellington, Bruno Guimarães e Nikão (Bruno Nazário, 30' do 2º tempo); Marcelo Cirino (Vitinho, 40' do 2º tempo), Marco Rubén e Rony. **Técnico:** Tiago Nunes.
FLAMENGO: Diego Alves, Rodinei, Léo Duarte, Rodrigo Caio e Renê; Cuéllar (Éverton Ribeiro, 18' do 2º tempo), Willian Arão, Arrascaeta e Vitinho (Diego, 18' do 2º tempo); Bruno Henrique (Piris da Motta, 36' do 2º tempo) e Gabriel. **Técnico:** Jorge Jesus

Copa do Brasil

QUARTAS DE FINAL

Flamengo 1 (1)
Athletico-PR 1 (3)

Com um público de quase setenta mil pessoas, o Flamengo entrou em campo precisando de uma vitória simples para avançar à semifinal da Copa do Brasil. Assim, no início da partida, foi para cima do Athletico e chegou a acertar a trave num lance do atacante Lincoln. Na etapa final, aos 17 minutos, Gabriel abriu o placar, após receber um passe de Éverton Ribeiro. Mas, aos 32 minutos, num rápido contra-ataque, o atacante Rony empatou e levou a decisão para os pênaltis. Ao perder três cobranças (Santos defendeu os chutes de Diego e Éverton Ribeiro, e Vitinho mandou para fora), o Flamengo viu o Athletico, que acabaria sendo o campeão, avançar na Copa do Brasil.

17/7 • MARACANÃ (RIO DE JANEIRO-RJ)

Árbitro: Wilton Pereira Sampaio (GO) | **Renda:** R$4.106.610,40 | **Público:** 64.844 (pagantes); 69.980 (presentes) | **Gols:** Gabriel 17' e Rony 32' do 2º tempo | **Pênaltis:** Flamengo 1 (Cuéllar / Diego, Éverton Ribeiro [Santos defendeu] e Vitinho perderam) x 3 Athletico-PR (Jonathan, Lucho González e Bruno Guimarães / Bruno Nazário perdeu [Diego Alves defendeu]) | **Cartões amarelos:** Renê e Gabriel (Flamengo); Léo Pereira, Rony e Bruno Guimarães (Athletico-PR)
FLAMENGO: Diego Alves, Rafinha (Rodinei, 42' do 2º tempo), Léo Duarte, Rodrigo Caio e Renê; Cuéllar, Éverton Ribeiro, Diego e Arrascaeta (Vitinho, 14' do 1º tempo); Lincoln (Berrío, 13' do 2º tempo) e Gabriel. **Técnico:** Jorge Jesus
ATHLETICO-PR: Santos, Jonathan, Léo Pereira, Robson Bambu e Márcio Azevedo (Lucho González, 43' do 2º tempo); Wellington, Bruno Guimarães e Nikão (Bruno Nazário, 24' do 2º tempo); Rony, Marcelo Cirino (Vitinho, 38' do 2º tempo) e Marco Rubén. **Técnico:** Tiago Nunes

©Alexandre Vidal / Flamengo

Estatísticas

4 jogos
2 vitórias
2 empates
0 derrota
4 gols marcados
2 gols sofridos

Artilheiros

Gabriel	**2** gols
Rodrigo Caio	**1** gol
Willian Arão	**1** gol

Assistências

Éverton Ribeiro	2
Bruno Henrique	1

Jogadores utilizados
19

Quem mais jogou

Diego Alves (G)	4
Léo Duarte (Z)	4
Rodrigo Caio (Z)	4
Renê (LE)	4
Diego (M)	4
Éverton Ribeiro (M)	4
Gabriel (A)	4
Vitinho (A)	4
Cuéllar (V)	3
Willian Arão (V)	3
Arrascaeta (M)	3
Bruno Henrique (A)	3
Pará (LD)	2
Rodinei (LD)	2
Piris da Motta (V)	2
Berrío (A)	2
Lincoln (A)	2
Rafinha (LD)	1
Ronaldo (V)	1

Copa do **Brasil**

©Alexandre Vidal / Flamengo

Classificação final*

POS.	CLUBE	PG	J	V	E	D	GP	GC
1º	Athletico-PR	15	8	4	3	1	8	5
2º	Internacional	13	8	4	1	3	9	4
3º	Grêmio	11	6	3	2	1	7	3
4º	Cruzeiro	5	6	1	2	3	6	9
5º	Bahia	18	10	5	3	2	13	7
6º	Palmeiras	9	4	3	0	1	4	1
7º	Flamengo	8	4	2	2	0	4	2
8º	Atlético-MG	7	4	2	1	1	4	4
9º	Fluminense	15	8	4	3	1	15	5
10º	Santos	13	8	4	1	3	18	6
11º	Juventude	13	8	3	4	1	6	6
12º	Corinthians	10	8	3	1	4	11	9
13º	Fortaleza	1	2	0	1	1	0	1
14º	São Paulo	0	2	0	0	2	0	2
15º	Paysandu	0	2	0	0	2	1	4
16º	Sampaio Corrêa	0	2	0	0	2	0	3

* Entre os clubes que chegaram às oitavas de final

Campeonato Brasileiro

Em pé: Diego Alves, Pablo Marí, Filipe Luís, Willian Arão, Rodrigo Caio e Bruno Henrique.
Agachados: Gabriel, Rafinha, Éverton Ribeiro, Gerson e Arrascaeta

Alexandre Vidal / Flamengo

27/4 • MARACANÃ (RIO DE JANEIRO-RJ)

1ª RODADA

Flamengo 3
Cruzeiro 1

Na estreia do Brasileirão, o Flamengo venceu o Cruzeiro de virada, tirando a invencibilidade de 22 jogos do time mineiro. Depois de sofrer um gol de Pedro Rocha, aos 39 minutos, o Mengão empatou no minuto seguinte com Bruno Henrique, com gol de cabeça, após cruzamento de Éverton Ribeiro. No segundo tempo, o atacante fez mais um gol, aproveitando o passe de Willian Arão. Já aos 44, Bruno Henrique ganhou uma disputa com Dedé e finalizou. Fábio defendeu e a bola sobrou para Gabigol aumentar e garantir a vitória. Logo em seguida, o zagueiro Juan entrou em campo, recebeu a faixa de capitão e se despediu da torcida, fazendo o último jogo de sua brilhante carreira.

Árbitro: Anderson Daronco (RS) | **Renda:** R$1.311.592,00 | **Público:** 29.459 (pagantes); 35.016 (presentes) | **Gols:** Pedro Rocha 39' e Bruno Henrique 40' do 1º tempo; Bruno Henrique 22' e Gabriel 44' do 2º tempo | **Cartões amarelos:** Léo Duarte, Gabriel, Pará e Diego (Flamengo); Lucas Romero, Edílson, Fred e Thiago Neves (Cruzeiro) | **Cartão vermelho:** Murilo (Cruzeiro) 39' do 2º tempo
FLAMENGO: César, Pará, Léo Duarte, Rodrigo Caio e Renê; Cuéllar, Willian Arão, Éverton Ribeiro (Juan, 45' do 2º tempo) e Arrascaeta (Diego, 29' do 2º tempo); Bruno Henrique e Gabriel. **Técnico:** Abel Braga
CRUZEIRO: Fábio, Edílson, Dedé, Murilo e Dodô; Henrique, Lucas Romero (Lucas Silva, 22' do 2º tempo), Rodriguinho (Thiago Neves, 17' do 2º tempo) e Marquinhos Gabriel; Fred e Pedro Rocha (Rafinha, 24' do 2º tempo). **Técnico:** Mano Menezes

---

2ª RODADA

Internacional 2
Flamengo 1

Sem Diego Alves e Rodrigo Caio, lesionados, o Flamengo foi para Porto Alegre e teve uma partida difícil contra o Inter, que conseguiu sair na frente logo aos quatro minutos, com um gol do centroavante peruano Paolo Guerrero, ex-camisa 9 do rubro-negro (entre 2015 e 2018). Pouco depois, aos 21, o zagueiro Rhodolfo marcou um gol, mas que acabou anulado pelo VAR. Na segunda etapa, no entanto, o Fla chegou ao empate. Arrascaeta recebeu de Willian Arão e lançou para a área. Éverton Ribeiro não alcançou, mas acabou enganando Marcelo Lomba, que só viu a bola entrar. Aos 31 minutos, porém, o Inter marcou mais um gol, com um chute de fora da área do argentino Sarrafiore, e garantiu a vitória.

1/5 • BEIRA-RIO (PORTO ALEGRE-RS)

Árbitro: Flávio Rodrigues de Souza (SP) | **Renda:** R$1.759.480,00 | **Público:** 37.001 (pagantes); 40.588 (presentes) | **Gols:** Guerrero 4' do 1º tempo; Arrascaeta 14' e Sarrafiore 31' do 2º tempo | **Cartões amarelos:** Zeca, Rodrigo Dourado e Nico López (Internacional); Renê (Flamengo)
INTERNACIONAL: Marcelo Lomba, Zeca, Rodrigo Moledo, Víctor Cuesta e Iago; Rodrigo Dourado, Edenílson, Patrick (Guilherme Parede, 20' do 2º tempo); D'Alessandro (Sarrafiore, 20' do 2º tempo), Nico López (Nonato, 45' do 2º tempo) e Guerrero. **Técnico:** Odair Hellmann
FLAMENGO: César, Pará, Léo Duarte, Rhodolfo e Renê; Cuéllar, Willian Arão (Lucas Silva, 33' do 2º tempo), Arrascaeta (Diego, 28' do 2º tempo) e Éverton Ribeiro (Lincoln, 38' do 2º tempo); Bruno Henrique e Gabriel. **Técnico:** Abel Braga

Campeonato Brasileiro

3ª RODADA

São Paulo 1
Flamengo 1

Quatro dias antes da partida decisiva contra o Peñarol pela fase de grupos da Libertadores, o Flamengo enfrentou o São Paulo, no Morumbi, com um time reserva, preservando seus titulares para o confronto em Montevidéu. E mesmo com uma garotada em campo (seis revelados nas categorias de base), o Mengão fez um jogo parelho e saiu com um empate, sofrendo o gol no final da partida. Na primeira etapa, logo aos oito minutos, Hugo Moura fez uma boa jogada pela esquerda e cruzou na medida para Berrío só empurrar para o gol. No segundo tempo, aos 37 minutos, o goleiro César fez uma grande defesa numa cabeçada de Hernanes, mas no rebote Tchê Tchê empatou.

5/5 • MORUMBI (SÃO PAULO-SP)

Árbitro: Ricardo Marques Ribeiro (MG) | **Renda:** R$1.988.361,00 | **Público:** 38.749 (pagantes) | **Gols:** Berrío 8' do 1º tempo; Tchê Tchê 37' do 2º tempo | **Cartões amarelos:** Anderson Martins (São Paulo); Diego, Lincoln, Thuler, Trauco, Rodinei, Ronaldo e Rafael (Flamengo)
SÃO PAULO: Tiago Volpi, Walce, Bruno Alves, Anderson Martins (Hernanes, 40' do 1º tempo) e Reinaldo (Helinho, 31' do 2º tempo); Hudson, Tchê Tchê e Liziero; Antony, Alexandre Pato (Éverton, 30' do 1º tempo) e Toró. **Técnico:** Cuca
FLAMENGO: César, Rodinei, Thuler, Matheus Dantas (Rafael Santos, 18' do 2º tempo) e Trauco; Hugo Moura, Piris da Motta, Ronaldo, Diego; Berrío (Lucas Silva, 48' do 1º tempo) e Lincoln (Bruno Henrique, 26' do 2º tempo). **Técnico:** Abel Braga

12/5 • MARACANÃ (RIO DE JANEIRO-RJ)

4ª RODADA

Flamengo 2
Chapecoense 1

Classificado para as oitavas da Libertadores, o Fla voltou a campo e recebeu um ótimo público na manhã de domingo contra a Chapeconse. Com a volta de Diego Alves e uma equipe mista, o rubro-negro abriu o caminho para a vitória cedo, com um gol de Vitinho aos sete minutos, após um passe de Trauco. Ainda no primeiro tempo, aos 44 minutos, Diego teve a chance de ampliar o placar, mas perdeu um pênalti sofrido por Lincoln, e a bola parou no goleiro Tiepo. Na segunda etapa, o jovem Lincoln, que voltou ao time depois de jogar o Sul-Americano Sub-20 com a seleção, fez 2 x 0, de carrinho, aproveitando cruzamento de Ronaldo. No final, Gum, de cabeça, descontou para a Chape.

Árbitro: Jean Pierre Gonçalves Lima (RS) | **Renda:** R$1.692.892,00 | **Público:** 57.494 (pagantes); 61.023 (presentes) | **Gols:** Vitinho 7' do 1º tempo; Lincoln 6' e Gum 47' do 2º tempo | **Cartões amarelos:** Ronaldo e Diego (Flamengo); Bryan, Alan Ruschel e Bruno Pacheco (Chapecoense)
FLAMENGO: Diego Alves, Rodinei, Thuler, Rodrigo Caio e Trauco; Piris da Motta, Ronaldo e Diego (Éverton Ribeiro, 38' do 2º tempo); Vitinho (Bruno Henrique, 27' do 2º tempo), Berrío (Bill, 38' do 2º tempo) e Lincoln. **Técnico:** Abel Braga
CHAPECOENSE: Tiepo, Bryan, Gum, Douglas e Bruno Pacheco; Márcio Araújo, Augusto e Alan Ruschel (Elicarlos, 12' do 2º tempo); Régis (Arthur Gomes, 12' do 2º tempo), Renato (Rildo, 32' do 2º tempo) e Everaldo. **Técnico:** Ney Franco

18/5 • INDEPENDÊNCIA (BELO HORIZONTE-MG)

5ª RODADA

Atlético-MG **2**
Flamengo **1**

O confronto do Flamengo contra o Atlético-MG, então vice-líder do Brasileirão, ficou marcado por belos gols e a vitória do time mineiro no Independência, em Belo Horizonte. No primeiro tempo, aos 28 minutos, o meia Cazares fez boa jogada individual, limpou dois zagueiros e tocou no canto esquerdo de Diego Alves. Dois minutos depois, Bruno Henrique entortou o lateral direito Guga e bateu cruzado, de esquerda, no canto do goleiro Victor. No início do segundo tempo, Chará acertou um sem-pulo e fez o gol da vitória do time mineiro. O Flamengo, que ficou com um jogador a mais no segundo tempo, ainda pressionou bastante (teve 24 finalizações contra 11 do Atlético), mas parou no goleiro Victor.

Árbitro: Paulo Roberto Alves Júnior (PR) | **Renda:** R$501.165,00 | **Público:** 13.616 (pagantes) | **Gols:** Cazares 28' e Bruno Henrique 30' do 1º tempo; Chará 1' do 2º | **Cartões amarelos:** Victor, Luan e Leonardo Silva (Atlético-MG); Hugo Moura (Flamengo, do banco de reservas) | **Cartão vermelho:** Elias (Atlético-MG) 46' do 1º tempo
ATLÉTICO-MG: Victor, Guga, Réver (Leonardo Silva, 47' do 1º tempo), Igor Rabello e Patric; José Welison, Elias e Cazares (Vinícius, 23' do 2º tempo); Luan, Chará e Ricardo Oliveira (Adílson, intervalo). **Técnico:** Rodrigo Santana
FLAMENGO: Diego Alves, Pará, Léo Duarte (Vitinho, 14' do 2º tempo), Rodrigo Caio e Renê; Cuéllar, Willian Arão, Arrascaeta (Lincoln, 17' do 2º tempo) e Éverton Ribeiro; Bruno Henrique e Gabriel (Berrío, 31' do 2º tempo). **Técnico:** Abel Braga

6ª RODADA

Flamengo **3**
Athletico-PR **2**

26/5 • MARACANÃ (RIO DE JANEIRO-RJ)

Em um jogo de duas viradas e com muita emoção, o Flamengo foi buscar a vitória na raça e nos minutos finais. No primeiro tempo, Gabriel sofreu um pênalti do goleiro Santos. Ele mesmo cobrou, com estilo, e abriu o placar. Na segunda etapa, Marcelo Cirino, que atuou no Fla entre 2015 e 2017, virou o jogo marcando aos 18 e 26 minutos. Mas, empurrado por mais de 52 mil torcedores, o Mengão deu o troco. Aos 44 minutos, Bruno Henrique ganhou de Madson no alto e fez de cabeça após o cruzamento de Éverton Ribeiro. E no finalzinho, aos cinquenta, Rodrigo Caio, também de cabeça, virou o jogo, depois do escanteio cobrado por Renê.

Árbitro: Daniel Nobre Bins (RS) | **Renda:** R$1.571.771,50 | **Público:** 49.124 (pagantes); 52.667 (presentes) | **Gols:** Gabriel 31' do 1º tempo; Marcelo Cirino 18' e 26', Bruno Henrique 44' e Rodrigo Caio 50' do 2º tempo | **Cartões amarelos:** Bruno Henrique, Diego, Pará e Rodrigo Caio (Flamengo); Santos, Wellington e Márcio Azevedo (Athletico-PR)
FLAMENGO: Diego Alves, Pará (Rodinei, 35' do 2º tempo), Thuler, Rodrigo Caio e Renê; Piris da Motta (Vitinho, 29' do 2º tempo), Willian Arão, Diego e Éverton Ribeiro; Bruno Henrique e Gabriel (Lincoln, 39' do 2º tempo). **Técnico:** Abel Braga
ATHLETICO-PR: Santos, Madson, Lucas Halter, Léo Pereira e Márcio Azevedo; Wellington, Erick e Matheus Rossetto (Bruno Guimarães, 35' do 2º tempo); Marcelo Cirino, Thonny Anderson (Tomás Andrade, 12' do 2º tempo) e Braian Romero (Paulo André, 41' do 2º tempo). **Técnico:** Tiago Nunes

Campeonato **Brasileiro**

7ª RODADA

Flamengo **2**
Fortaleza **0**

Sem poder atuar no Maracanã, preservado para a disputa da Copa América, o Flamengo recebeu o Fortaleza no Engenhão, com um bom público: 37 mil torcedores. Sem o técnico Abel Braga, o rubro-negro foi comandado pelo auxiliar Marcelo Salles, escolhido para ficar no cargo por quatro jogos, até a parada da Copa América. Nesse mesmo dia da vitória contra o Fortaleza, o Flamengo anunciou o acordo de contratação do técnico português Jorge Jesus. Na partida, a dupla Arrascaeta e Gabigol brilhou com duas jogadas parecidas: assistências do uruguaio e gols do centroavante, um em cada tempo da partida.

1/6 • ENGENHÃO (RIO DE JANEIRO-RJ)

Árbitro: Rodrigo D'Alonso Ferreira (SC) | **Renda:** R$458.146,00 | **Público:** 35.725 (pagantes); 37.658 (presentes) | **Gols:** Gabriel 39' do 1º tempo; Gabriel 22' do 2º tempo | **Cartão amarelo:** Léo Duarte (Flamengo)
FLAMENGO: Diego Alves, Pará, Rodrigo Caio, Léo Duarte e Trauco; Cuéllar (Piris da Motta, 42' do 2º tempo), Willian Arão, Diego (Berrío, 36' do 2º tempo) e Éverton Ribeiro (Vitinho, 25' do 2º tempo); Arrascaeta e Gabriel. **Técnico:** Marcelo Salles
FORTALEZA: Marcelo Boeck, Gabriel Dias, Quintero, Roger Carvalho e Bruno Melo; Paulo Roberto (Dodô, 18' do 2º tempo), Juninho e Marcinho (Marlon, 26' do 2º tempo); Romarinho, André Luís (Osvaldo, 14' do 2º tempo) e Kieza. **Técnico:** Rogério Ceni

9/6 • MARACANÃ (RIO DE JANEIRO-RJ)

8ª RODADA

Fluminense **0**
Flamengo **0**

Com a presença de Jorge Jesus no Maracanã, o quinto Fla-Flu do ano terminou com um empate sem gols, apesar de os dois times terem criado várias chances de marcar. No primeiro tempo, o meia Diego chegou a acertar a trave de Agenor aos 18 minutos. Na segunda etapa, Vitinho, que substituiu Gabriel, teve também uma grande oportunidade assim que entrou em campo, num chute que passou raspando a trave direita. Diego Alves, com seis defesas, foi um dos destaques do Flamengo. O goleiro pegou duas bolas cara a cara com João Pedro e Marcos Paulo, garantindo o empate.

Árbitro: Wagner do Nascimento Magalhães (RJ) | **Renda:** R$1.306.470,00 | **Público:** 38.897 (pagantes); 42.726 (presentes) | **Cartões amarelos:** Allan e Frazan (Fluminense); Piris da Motta, Éverton Ribeiro e Pará (Flamengo)
FLUMINENSE: Agenor, Igor Julião, Yuri Lima, Frazan e Caio Henrique; Allan, Daniel e Paulo Henrique Ganso; Luciano, João Pedro e Brenner (Marcos Paulo, intervalo). **Técnico:** Fernando Diniz
FLAMENGO: Diego Alves, Pará, Léo Duarte, Rodrigo Caio e Renê; Piris da Motta (Ronaldo, 44' do 2º tempo), Willian Arão, Diego (Berrío, intervalo) e Éverton Ribeiro; Bruno Henrique e Gabriel (Vitinho, 33' do 2º tempo). **Técnico:** Marcelo Salles

©Alexandre Vidal / Flamengo

12/6 • MANÉ GARRINCHA (BRASÍLIA-DF)

9ª RODADA

CSA 0
Flamengo 2

Mesmo como visitante, o Flamengo jogou como se estivesse em casa no estádio Mané Garrincha, em Brasília, palco escolhido pela CSA, com mais de 37 mil torcedores do rubro-negro. Diante de um rival extremamente fechado, o Mengão fez 24 finalizações, mas só conseguiu balançar as redes aos vinte minutos do segundo tempo, quando Vitinho, de cabeça, aproveitou um ótimo cruzamento de Éverton Ribeiro. Pouco depois, o goleiro Jordi, que havia feito seis defesas difíceis, soltou a bola num chute de Willian Arão, permitindo o rebote de Gabriel, que ampliou e garantiu a vitória no último jogo antes da parada da Copa América.

Árbitro: Douglas Marques das Flores (SP) | **Renda:** R$2.949.665,00 | **Público:** 37.673 (pagantes) | **Gols:** Vitinho 20' e Gabriel 31' do 2º tempo | **Cartões amarelos:** Jonatan Gómez, Leandro Souza e Didira (CSA); Gabriel (Flamengo)
CSA: Jordi, Celsinho, Gerson, Leandro Souza e Carlinhos; Nílton (Patrick Fabiano, 33' do 2º tempo), Apodi (Maranhão, 25' do 2º tempo), Didira e Jonatan Gomez; Cassiano e Victor Paraíba (Gerson Júnior, 38' do 2º tempo). **Técnico:** Marcelo Cabo
FLAMENGO: César, Rodinei (João Lucas, 44' do 2º tempo), Thuler, Rodrigo Caio e Renê; Piris da Motta, Willian Arão, Éverton Ribeiro e Vitinho; Bruno Henrique (Lincoln, 37' do 2º tempo) e Gabriel (Berrío, 42' do 2º tempo). **Técnico:** Marcelo Salles

10ª RODADA

Flamengo 6
Goiás 1

14/7 • MARACANÃ (RIO DE JANEIRO-RJ)

O primeiro jogo de Jorge Jesus no Maracanã no comando do Flamengo foi um espetáculo para os 65 mil torcedores que viram também a estreia do lateral direito Rafinha. Arrasacaeta, numa atuação brilhante, e Gabriel, também num dia inspirado, foram os grandes destaques da partida. O uruguaio marcou três gols, todos no primeiro tempo, deu mais duas assistências para Gabriel e ainda participou da jogada do gol de Bruno Henrique. Em seu terceiro gol, Arrasca deu um belo toque de cobertura sobre o goleiro Tadeu. Já Gabigol, além dos dois gols, foi o autor das três assistências para Arrascaeta. Bruno Henrique, após o passe de Trauco, completou a goleada.

Árbitro: Caio Max Augusto Vieira (RN) | **Renda:** R$2.218.843,50 | **Público:** 60.847 (pagantes); 65.154 (presentes) | **Gols:** Arrascaeta 5', 45' e 49', Kayke 12' e Bruno Henrique 43' do 1º tempo; Gabriel 10' e 36' do 2º tempo | **Cartões amarelos:** Willian Arão (Flamengo); Leandro Barcía e Geovane (Goiás)
FLAMENGO: Diego Alves, Rafinha (Rodinei, 13' do 2º tempo), Léo Duarte, Rodrigo Caio e Trauco; Willian Arão (Cuéllar, 13' do 2º tempo), Diego, Éverton Ribeiro e Arrascaeta; Bruno Henrique (Vitinho, 27' do 2º tempo) e Gabriel. **Técnico:** Jorge Jesus
GOIÁS: Tadeu, Daniel Guedes, Yago, Rafael Vaz e Jefferson; Geovane (Léo Sena, 17' do 2º tempo), Yago Felipe (Paulo Ricardo, 42' do 2º tempo) e Giovanni Augusto (Marlone 17, do 2º tempo); Michael, Kayke e Leandro Barcía.
Técnico: Claudinei Oliveira

Campeonato **Brasileiro**

11ª RODADA

Corinthians **1**
Flamengo **1**

21/7 • ARENA CORINTHIANS (SÃO PAULO-SP)

Pouco antes de pegar o Emelec, no jogo de ida das oitavas de final da Libertadores, o Flamengo enfrentou o Corinthians, em São Paulo, com alguns desfalques, como Rafinha e Éverton Ribeiro. Porém, contou com a estreia do meio-campista Gerson, comprado junto à Roma, da Itália, mas que estava na Fiorentina. Ele foi um dos destaques na equilibrada partida contra o time paulista. Com mais posse de bola (56% a 44%), o Flamengo finalizou menos (6 a 14), mas conseguiu buscar o empate no final, com Gabriel, depois de sair atrás com um gol de pênalti, cometido por Berrío sobre Vágner Love.

Árbitro: Leandro Pedro Vuaden (RS) | **Renda:** R$2.223.284,60 | **Público:** 34.737 (pagantes) | **Gols:** Clayson 16' e Gabriel 42' do 2º tempo | **Cartões amarelos:** Clayson (Corinthians); Rodrigo Caio, Diego e Rodinei (Flamengo) | **Cartão vermelho:** Berrío (Flamengo) 48' do 2º tempo
CORINTHIANS: Cássio, Fágner, Manoel, Gil e Danilo Avelar; Gabriel (Mateus Vital, 47' do 2º tempo), Júnior Urso, Pedrinho, Sornoza (Boselli, 49' do 2º tempo) e Clayson (Everaldo, 38' do 2º tempo); Vágner Love. **Técnico:** Fábio Carille
FLAMENGO: Diego Alves, Rodinei, Léo Duarte, Rodrigo Caio e Renê; Willian Arão, Cuéllar (Bruno Henrique, 16' do 2º tempo), Gerson (Lincoln, 32' do 2º tempo) e Diego; Vitinho (Berrío, intervalo) e Gabriel. **Técnico:** Jorge Jesus

28/7 • MARACANÃ (RIO DE JANEIRO-RJ)

12ª RODADA

Flamengo **3**
Botafogo **2**

Na estreia do zagueiro espanhol Pablo Marí, Flamengo e Botafogo fizeram um clássico muito disputado no Maracanã, que terminou com a vitória do rubro-negro. O destaque ficou mais uma vez para Bruno Henrique, o rei dos clássicos em 2019. No primeiro tempo, o Botafogo saiu na frente com Cícero, de cabeça, mas o Flamengo logo empatou com Gerson, num belo chute de fora da área. Na comemoração, o volante fez pela primeira vez o "Vapo", movimento que se tornou característico, em que cruza os braços em frente ao pescoço. No segundo tempo, Gabigol virou o jogo, mas logo depois Diego Souza, de falta, empatou. Em seguida, Rafinha deu sua segunda assistência na partida e deixou Bruno Henrique livre para marcar o gol da vitória.

Árbitro: Raphael Claus (SP) | **Renda:** R$1.645.403,00 | **Público:** 42.483 (pagantes); 45.622 (presentes) | **Gols:** Cícero 13' e Gerson 34' do 1º tempo; Gabriel 9', Diego Souza 21' e Bruno Henrique 23' do 2º tempo | **Cartões amarelos:** Gabriel, Rafinha, Cuéllar, Gerson e Trauco (Flamengo); Rodrigo Pimpão e Gabriel (Botafogo)
FLAMENGO: Diego Alves, Rafinha, Pablo Marí, Rodrigo Caio (Thuler, 13' do 1º tempo) e Trauco; Cuéllar, Willian Arão, Gerson e Lincoln (Lucas Silva, 16' do 2º tempo); Bruno Henrique e Gabriel (Piris da Motta, 44' do 2º tempo). **Técnico:** Jorge Jesus
BOTAFOGO: Gatito Fernández, Marcinho, Joel Carli, Gabriel e Jonathan (Lucas Barros, 33' do 2º tempo); Cícero, Alex Santana e João Paulo (Victor Rangel, 40' do 2º tempo); Diego Souza, Luiz Fernando e Rodrigo Pimpão (Lucas Campos, 30' do 2º tempo). **Técnico:** Eduardo Barroca

©Alexandre Vidal / Flamengo

13ª RODADA

Bahia **3**
Flamengo **0**

4/8 • FONTE NOVA (SALVADOR-BA)

Após a complicada classificação para as quartas de final da Libertadores, com uma vitória nos pênaltis sobre o Emelec, o Flamengo foi para Salvador enfrentar o Bahia no jogo de estreia do lateral esquerdo Filipe Luís, ex-Atlético de Madri e campeão da Copa América de 2019 com a seleção brasileira. O jogo na Fonte Nova marcou também a estreia do terceiro uniforme para a temporada: camisa, calção e meião na cor cinza-chumbo e detalhes em verde-limão. Em campo, o Flamengo levou três gols pela primeira vez – todos feitos pelo centroavante Gilberto, no primeiro tempo – e foi derrotado antes de começar uma sequência de 29 partidas de invencibilidade.

Árbitro: Flávio Rodrigues de Souza (SP) | **Renda:** R$1.731.510,00 | **Público:** 43.099 (pagantes); 43.642 (presentes) | **Gols:** Gilberto 22', 30' e 50' do 1º tempo | **Cartões amarelos:** Ramires (Bahia); Rafinha (Flamengo) | **Cartão vermelho:** Fernandão (Bahia) 44' do 2º tempo
BAHIA: Douglas Friedrich, Nino Paraíba, Lucas Fonseca, Juninho e Moisés; Gregore, Flávio e Giovanni (Ramires, 38' do 1º tempo); Lucca (Élber, 24' do 2º tempo), Artur e Gilberto (Fernandão, 36' do 2º tempo). **Técnico:** Roger Machado.
FLAMENGO: Diego Alves, Rafinha, Thuler, Pablo Marí e Filipe Luís (Renê, 10' do 2º tempo); Piris da Motta (Reinier, 10' do 2º tempo), Willian Arão, Gerson e Éverton Ribeiro; Arrascaeta (Berrío, 35' do 2º tempo) e Bruno Henrique. **Técnico:** Jorge Jesus

14ª RODADA

Flamengo **3**
Grêmio **1**

10/8 • MARACANÃ (RIO DE JANEIRO-RJ)

Antes do jogo, dois jogadores foram homenageados no Maracanã: o volante Willian Arão, por seus duzentos jogos pelo clube, e o goleiro Diego Alves, que completou seu centésimo. Em campo, diante dos reservas do time gaúcho, que poupou seus titulares para a semifinal da Copa do Brasil, o Flamengo foi superior do início ao fim. Willian Arão, após um passe perfeito de Arrascaeta, abriu o placar. No final do primeiro tempo, o Grêmio diminuiu com um gol de pênalti de Rafael Galhardo, cometido por Pablo Marí. No início da segunda etapa, Arrascaeta pegou a sobra de uma bola na trave de Bruno Henrique e fez 2 x 1. No final, Éverton Ribeiro, com um chute rasteiro de fora da área, fechou a vitória.

Árbitro: Bráulio da Silva Machado (SC) | **Renda:** R$2.420.747,00 | **Público:** 53.790 (pagantes); 57.644 (presentes) | **Gols:** Willian Arão 29' e Rafael Galhardo 50' do 1º tempo; Arrascaeta 5' e Éverton Ribeiro 46' do 2º tempo | **Cartões amarelos:** Rafinha, Pablo Marí, Berrío e Cuéllar (Flamengo); Thaciano e Juninho Capixaba (Grêmio)
FLAMENGO: Diego Alves, Rafinha, Thuler, Pablo Marí e Filipe Luís (Renê, 16' do 2º tempo); Cuéllar (Piris da Motta, 32' do 2º tempo), Willian Arão, Gerson e Arrascaeta; Berrío (Éverton Ribeiro, 20' do 2º tempo) e Bruno Henrique. **Técnico:** Jorge Jesus
GRÊMIO: Júlio César, Leonardo Moura, Paulo Miranda, David Braz e Juninho Capixaba; Darlan, Thaciano, Rafael Galhardo (Éverton, 11' do 2º tempo), Luan (Da Silva, 39' do 2º tempo) e Pepê; Luciano (Patrick, 24' do 2º tempo). **Técnico:** Renato Gaúcho

Campeonato **Brasileiro**

17/8 • MANÉ GARRINCHA (BRASÍLIA-DF)

15ª RODADA

Vasco **1**
Flamengo **4**

Jogando novamente em Brasília como visitante, o Flamengo teve a maioria da torcida no Mané Garrincha. O clássico contra o Vasco foi marcado pela ótima atuação do trio ofensivo rubro-negro e do goleiro Diego Alves, que pegou dois pênaltis – um de Yago Pikachu e outro de Bruno César. Bruno Henrique, autor do primeiro gol, participou da jogada do segundo, feito por Gabriel em cima da linha. O próprio Gabigol fez o terceiro gol do Fla após pegar a sobra de um chute de Bruno Henrique. Já Arrascaeta, que deu a assistência do primeiro gol, fechou a goleada com um gol de pênalti, sofrido por Bruno Henrique.

Árbitro: Leandro Pedro Vuaden (RS) | **Renda:** R$5.285.443,00 | **Público:** 65.418 (pagantes); público presente não informado | **Gols:** Bruno Henrique 41' do 1º tempo; Gabriel 6' e 16', Leandro Castán 13' e Arrascaeta 38' do 2º tempo | **Cartões amarelos:** Arrascaeta, Piris da Motta e Rodinei (Flamengo)
VASCO: Fernando Miguel, Raúl Cáceres (Bruno César, 21' do 2º tempo), Oswaldo Henríquez, Leandro Castán e Henrique; Richard, Raul e Lucas Mineiro (Andrey, 24' do 2º tempo); Yago Pikachu, Marquinho (Tiago Reis, 9' do 2º tempo) e Talles Magno. **Técnico:** Vanderlei Luxemburgo
FLAMENGO: Diego Alves, Rodinei, Thuler, Pablo Marí e Filipe Luís; Cuéllar, Willian Arão, Gerson (Éverton Ribeiro, 22' do 2º tempo) e Arrascaeta (Piris da Motta, 42' do 2º tempo); Bruno Henrique e Gabriel (Berrío, 32' do 2º tempo). **Técnico:** Jorge Jesus

---

25/8 • CASTELÃO (FORTALEZA-CE)

16ª RODADA

Ceará **0**
Flamengo **3**

Árbitro: Wilton Pereira Sampaio (GO) | **Renda:** R$2.119.235,00 | **Público:** 48.986 (pagantes); 49.986 (presentes) | **Gols:** Pablo Marí 21' e Gabriel 35' do 1º tempo; Arrascaeta 51' do 2º tempo | **Cartões amarelos:** Samuel Xavier, Valdo e Felipe Baxola (Ceará)
CEARÁ: Diogo Silva, Samuel Xavier, Valdo, Tiago Alves e João Lucas; Fabinho, Ricardinho e Thiago Galhardo (Felipe Baxola, 41' do 2º tempo); Lima (Wescley, 33' do 2º tempo), Leandro Carvalho (Mateus Gonçalves, 17' do 2º tempo) e Felippe Cardoso. **Técnico:** Enderson Moreira
FLAMENGO: Diego Alves, João Lucas (Rafinha, 25' do 2º tempo), Rodrigo Caio, Pablo Marí e Renê; Piris da Motta, Willian Arão, Gerson (Éverton Ribeiro, 36' do 2º tempo) e Arrascaeta; Berrío (Bruno Henrique, 25' do 2º tempo) e Gabriel. **Técnico:** Jorge Jesus

Apesar de começar o jogo sem quatro titulares (Rafinha, Filipe Luís, Cuéllar e Bruno Henrique), o Flamengo dominou o jogo e construiu uma vitória elástica em Fortaleza, no Castelão lotado, chegando à liderança do Brasileirão. No primeiro tempo, Pablo Marí fez 1 x 0 após uma jogada ensaiada, numa cobrança de lateral de Renê, que contou ainda com a participação de Rodrigo Caio e Berrío. Depois, aos 35 minutos, Gabigol fez o segundo numa jogada em que o time ficou 1 minuto e 15 segundos tocando bola. No final do jogo, para selar a vitória em grande estilo, Arrascaeta acertou uma linda bicicleta atrás da marca de pênalti, no ângulo de Diogo Silva.

©Alexandre Vidal / Flamengo

1/9 • MARACANÃ (RIO DE JANEIRO-RJ)

17ª RODADA

Flamengo 3
Palmeiras 0

No duelo pela liderança do Brasileirão, o Flamengo não deu chances ao Palmeiras, então seu grande rival pelo título nacional, e venceu por 3 x 0 com certa facilidade, ocasionando a demissão do técnico Luiz Felipe Scolari. Logo aos dez minutos, Gabigol recebeu de Arrascaeta e tocou por cobertura, na saída do goleiro Weverton, numa jogada de muita categoria. Ainda no primeiro tempo, Arrasca, de cabeça, fez 2 x 0, após um ótimo cruzamento de Bruno Henrique. Já na segunda etapa, aos 15 minutos, Gabigol, de pênalti, sofrido por Rafinha, fez 3 x 0. Justa vitória do Mengão, que teve 65% de posse de bola e deu 12 chutes contra apenas dois do Palmeiras.

Árbitro: Rafael Traci (SC) | **Renda:** R$3.368.134,00 | **Público:** 61.390 (pagantes); 65.969 (presentes) | **Gols:** Gabriel 10' e Arrascaeta 38' do 1º tempo; Gabriel 15' do 2º tempo | **Cartões amarelos:** Rodrigo Caio e Bruno Henrique (Flamengo); Willian e Bruno Henrique (Palmeiras) | **Cartão vermelho:** Gustavo Gómez (Palmeiras) 37' do 2º tempo
FLAMENGO: Diego Alves, Rafinha, Rodrigo Caio (Thuler, 14' do 2º tempo), Pablo Marí e Filipe Luís; Willian Arão, Gerson, Éverton Ribeiro e Arrascaeta (Piris da Motta, 24' do 2º tempo); Bruno Henrique (Berrío, 40' do 2º tempo) e Gabriel. **Técnico:** Jorge Jesus
PALMEIRAS: Weverton, Marcos Rocha, Vítor Hugo, Gustavo Gómez e Diogo Barbosa; Felipe Melo, Matheus Fernandes (Raphael Veiga, intervalo) e Bruno Henrique (Jean, 36' do 2º tempo); Dudu, Willian (Gustavo Scarpa, 15' do 2º tempo) e Luiz Adriano. **Técnico:** Luiz Felipe Scolari

18ª RODADA

Avaí 0
Flamengo 3

7/9 • MANÉ GARRINCHA (BRASÍLIA-DF)

Jogando com seu terceiro uniforme (cinza--chumbo), o Flamengo visitou o Avaí em Brasília após despachar o Inter nas quartas da Libertadores e emplacou sua quinta vitória seguida no Brasileirão, para festa de quase 50 mil torcedores no Mané Garrincha. No primeiro tempo, o artilheiro Gabriel fez seu 15º gol no campeonato, aproveitando cruzamento do garoto Reinier, de 17 anos, que começou a partida como titular. Ainda na primeira etapa, o zagueiro Pablo Marí, de cabeça, ampliou para o Fla, após cruzamento de Éverton Ribeiro. No segundo tempo, Gabigol retribuiu e deu um passe perfeito para Reinier marcar seu primeiro gol como profissional do Mengão.

Árbitra: Edina Alves Batista (SP) | **Renda:** R$3.780.672,90 | **Público:** 47.575 (pagantes); público presente não informado | **Gols:** Gabriel 10' e Pablo Marí 31' do 1º tempo; Reinier 7' do 2º tempo | **Cartões amarelos:** João Paulo (Avaí); Pablo Marí e Gabriel (Flamengo) | **Cartão vermelho:** Gustavo Ferrareis (Avaí) 45' do 2º tempo
AVAÍ: Vladimir, Iury, Ricardo Thalheimer, Marquinhos Silva e Igor Fernandes; Pedro Castro, Richard Franco e João Paulo (Matheus Barbosa, 28' do 2º tempo); Caio Paulista, Lourenço (Gustavo Ferrareis, 21' do 2º tempo) e Brenner. **Técnico:** Alberto Valentim
FLAMENGO: Diego Alves, Rafinha, Rhodolfo, Pablo Marí e Filipe Luís (Renê, 38' do 2º tempo); Piris da Motta (Vitinho, 15' do 2º tempo), Willian Arão, Gerson e Éverton Ribeiro; Reinier (João Lucas, 30' do 2º tempo) e Gabriel. **Técnico:** Jorge Jesus

Campeonato **Brasileiro**

19ª RODADA

Flamengo 1
Santos 0

14/9 • MARACANÃ (RIO DE JANEIRO-RJ)

Em clima de decisão para o confronto entre o líder e o segundo colocado, o Flamengo venceu o Santos, garantindo, diante de 68 mil pessoas no Maraca, o título simbólico do primeiro turno. Gabriel, ex-jogador do Santos, foi quem decidiu a partida com um golaço histórico. No final do primeiro tempo, após um rápido contra-ataque, Éverton Ribeiro deu um passo milimétrico para o centroavante, que puxou para a direita, cortou o zagueiro Gustavo Henrique e depois tocou por cobertura, de canhota, sem chances para o goleiro Everson. O Flamengo, pela primeira vez na era dos pontos corridos – desde 2003 –, terminou o primeiro turno na liderança.

Árbitro: Bráulio da Silva Machado (SC) | **Renda:** R$3.328.050,95 | **Público:** 62.510 (pagantes); 68.243 (presentes) | **Gol:** Gabriel 44' do 1º tempo | **Cartões amarelos:** Gabriel e Bruno Henrique (Flamengo); Gustavo Henrique, Lucas Verissimo, Marinho, Cueva e Soteldo (Santos)
FLAMENGO: Diego Alves, Rafinha, Rodrigo Caio, Pablo Marí e Filipe Luís (Renê, 45' do 2º tempo); Willian Arão, Gerson, Arrascaeta (Berrío, 37' do 2º tempo) e Éverton Ribeiro; Bruno Henrique e Gabriel. **Técnico:** Jorge Jesus
SANTOS: Everson, Lucas Veríssimo, Gustavo Henrique e Luan Peres (Uribe, 19' do 2º tempo); Victor Ferraz, Alison, Carlos Sánchez (Felipe Jonatan, 30' do 2º tempo) e Jorge; Marinho, Eduardo Sasha (Cueva, 23' do 2º tempo) e Soteldo. **Técnico:** Jorge Sampaoli

---

21/9 • MINEIRÃO (BELO HORIZONTE-MG)

20ª RODADA

Cruzeiro 1
Flamengo 2

Na primeira partida do segundo turno, o Flamengo seguiu com seu ritmo avassalador e chegou à sétima vitória seguida no Brasileirão. Mesmo jogando fora de casa, o time de Jorge Jesus foi amplamente superior. Logo aos seis minutos, Gabriel recebeu um cruzamento de Gerson e abriu o placar para o Mengão. Ainda no primeiro tempo, Rodrigo Caio cometeu pênalti em Pedro Rocha. Na cobrança, Thiago Neves, que jogou no Fla em 2011, deixou tudo igual. Na segunda etapa, aos 21 minutos, Arrascaeta, também jogando contra seu ex-clube, marcou. De pé direito, após o passe de Willian Arão, ele fez o gol da vitória do líder do campeonato.

Árbitro: Raphael Claus (SP) | **Renda:** R$1.059.046,00 | **Público:** 34.051 (pagantes); 40.333 (presentes) | **Gols:** Gabriel 6' e Thiago Neves 38' do 1º tempo; Arrascaeta 21' do 2º tempo | **Cartões amarelos:** Orejuela e Fred (Cruzeiro); Bruno Henrique e Rafinha (Flamengo)
CRUZEIRO: Fábio, Orejuela, Cacá, Fabrício Bruno e Egídio; Henrique, Éderson (Dodô, 19' do 2º tempo), Robinho e Thiago Neves (Ezequiel, intervalo); Pedro Rocha (Fred, 26' do 2º tempo) e David. **Técnico:** Rogério Ceni
FLAMENGO: Diego Alves, Rafinha, Rodrigo Caio, Pablo Marí e Filipe Luís; Willian Arão, Gerson, Arrascaeta (Rhodolfo, 45' do 2º tempo) e Vitinho (Piris da Motta, intervalo); Bruno Henrique (Berrío, 42' do 2º tempo) e Gabriel. **Técnico:** Jorge Jesus

©Alexandre Vidal / Flamengo

25/9 • MARACANÃ (RIO DE JANEIRO-RJ)

21ª RODADA

Flamengo 3
Internacional 1

Eliminado pelo Flamengo nas quartas da Libertadores, o Inter voltou a ser derrotado. O Mengão então chegou a sua oitava vitória seguida no Brasileirão, igualando o recorde, na era dos pontos corridos, do Cruzeiro de 2003 e 2013. No primeiro tempo, Gabriel sofreu pênalti de Bruno (que foi expulso) e fez 1 x 0. Depois, no final da etapa, Guerrero, por reclamação, também levou o cartão vermelho. No início do segundo tempo, o Inter empatou, mas logo o Fla fez mais um, com Arrascaeta, de cabeça, após o cruzamento de Rafinha. Em seguida, o uruguaio deu um passe para Bruno Henrique ampliar. Décima vitória seguida como mandante no Brasileirão.

Árbitro: Luiz Flávio de Oliveira (SP) | **Renda:** R$2.810.435,50 | **Público:** 60.244 (pagantes); 64.548 (presentes) | **Gols:** Gabriel 19' do 1º tempo; Edenílson 4', Arrascaeta 10' e Bruno Henrique 29' do 2º tempo | **Cartões amarelos:** Willian Arão (Flamengo); Edenílson (Internacional) | **Cartões vermelhos:** Bruno 18' e Guerrero 43' (Internacional) do 1º tempo
FLAMENGO: Diego Alves, Rafinha, Rodrigo Caio, Pablo Marí e Filipe Luís; Willian Arão (Reinier, 23' do 2º tempo), Gerson, Éverton Ribeiro e Arrascaeta (Vitinho, 40' do 2º tempo); Bruno Henrique e Gabriel (Berrío, 41' do 2º tempo). **Técnico:** Jorge Jesus
INTERNACIONAL: Marcelo Lomba, Bruno, Rodrigo Moledo (Klaus, 11' do 1º tempo), Víctor Cuesta e Uendel; Rodrigo Lindoso, Edenílson, Patrick e Nonato (Guilherme Parede, 28' do 2º tempo); Nico López (Zeca, 20' do 1º tempo) e Guerrero. **Técnico:** Odair Hellmann

22ª RODADA

Flamengo 0
São Paulo 0

28/9 • MARACANÃ (RIO DE JANEIRO-RJ)

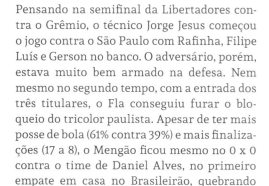

Pensando na semifinal da Libertadores contra o Grêmio, o técnico Jorge Jesus começou o jogo contra o São Paulo com Rafinha, Filipe Luís e Gerson no banco. O adversário, porém, estava muito bem armado na defesa. Nem mesmo no segundo tempo, com a entrada dos três titulares, o Fla conseguiu furar o bloqueio do tricolor paulista. Apesar de ter mais posse de bola (61% contra 39%) e mais finalizações (17 a 8), o Mengão ficou mesmo no 0 x 0 contra o time de Daniel Alves, no primeiro empate em casa no Brasileirão, quebrando uma sequência de oito vitórias seguidas.

Árbitro: Rafael Traci (SC) | **Renda:** R$3.451.963,25 | **Público:** 62.541 (pagantes); 67.051 (presentes) | **Cartões amarelos:** Éverton Ribeiro, Gabriel e Rafinha (Flamengo); Hernanes, Reinaldo, Pablo e Liziero (São Paulo)
FLAMENGO: Diego Alves, Rodinei (Rafinha, intervalo), Rodrigo Caio, Pablo Marí e Renê (Filipe Luís, 31' do 2º tempo); Piris da Motta (Gerson, intervalo), Willian Arão, Éverton Ribeiro e Arrascaeta; Bruno Henrique e Gabriel. **Técnico:** Jorge Jesus
SÃO PAULO: Tiago Volpi, Juanfran, Bruno Alves, Arboleda e Reinaldo; Luan, Tchê Tchê (Vítor Bueno, 21' do 2º tempo), Daniel Alves e Hernanes (Hudson, 47' do 2º tempo); Antony (Liziero, 39' do 2º tempo) e Pablo. **Técnico:** Fernando Diniz

Campeonato **Brasileiro**

23ª RODADA

Chapecoense **0**
Flamengo **1**

6/10 • ARENA CONDÁ (CHAPECÓ-RS)

Desfalcado de Gabriel (suspenso), Arrascaeta e Filipe Luís (lesionados), o Flamengo enfrentou a Chapecoense, lanterna do campeonato, e voltou com mais uma vitória fora de casa. Assim, chegou aos 52 pontos, quebrando o recorde para um líder da 23ª rodada. Bruno Henrique, de cabeça, aos 35 minutos, fez o gol da vitória depois de receber um cruzamento de Vitinho. O próprio Bruno Henrique, minutos antes, teve a chance de abrir o placar, mas acabou acertando a trave. No final da partida, a Chape pressionou, principalmente com bolas cruzadas, mas parou nas defesas de Diego Alves.

Árbitro: Vinícius Gonçalves Dias Araújo (SP) | **Renda:** R$921.310,00 | **Público:** 12.152 (presentes); público presente não informado | **Gol:** Bruno Henrique 35' do 1º tempo | **Cartão amarelo:** Elicarlos (Chapecoense)
CHAPECOENSE: Tiepo, Bryan, Rafael Pereira, Douglas e Roberto; Márcio Araújo, Elicarlos, Gustavo Campanharo (Vini Locatelli, 18' do 2º tempo) e Régis (Arthur Gomes, 32' do 2º tempo); Renato Kayser (Camilo, intervalo) e Everaldo. **Técnico:** Marquinhos Santos
FLAMENGO: Diego Alves, Rafinha, Rodrigo Caio, Pablo Marí e Renê; Willian Arão, Gerson, Éverton Ribeiro e Vitinho (Piris da Motta, 30' do 2º tempo); Reinier (Berrío, 13' do 2º tempo) (Lucas Silva, 47' do 2º tempo) e Bruno Henrique. **Técnico:** Jorge Jesus

---

10/10 • MARACANÃ (RIO DE JANEIRO-RJ)

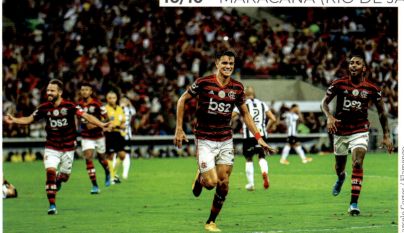

24ª RODADA

Flamengo **3**
Atlético-MG **1**

Árbitro: Wilton Pereira Sampaio (GO) | **Renda:** R$3.162.223,50 | **Público:** 58.788 (pagantes); 63.385 (presentes) | **Gols:** Willian Arão 36' do 1º tempo; Nathan 5', Vitinho 15' e Reinier 30' do 2º tempo | **Cartões amarelos:** Iago Maidana, Leonardo Silva e Fábio Santos (Atlético-MG)
FLAMENGO: Diego Alves, Rafinha, Rhodolfo, Pablo Marí e Renê; Willian Arão, Gerson, Éverton Ribeiro e Reinier (Vinícius Souza, 46' do 2º tempo); Bruno Henrique e Vitinho (Lucas Silva, 37' do 2º tempo). **Técnico:** Jorge Jesus
ATLÉTICO-MG: Wilson, Igor Rabello, Leonardo Silva e Iago Maidana; Patric, Elias (Bruninho, 22' do 2º tempo), Nathan, Cazares (Di Santo, 27' do 2º tempo) e Fábio Santos; Vinícius e Ricardo Oliveira (Marquinhos, intervalo). **Técnico:** Rodrigo Santana

Substituto de Arrascaeta (lesionado), Vitinho foi o grande nome do Flamengo na vitória sobre o Atlético-MG. No primeiro tempo, foi dele o passe para o gol de Willian Arão, de cabeça, aos 36 minutos. Na segunda etapa, depois que o Atlético-MG empatou o jogo com Nathan, o camisa 11 marcou um belo gol para colocar o Flamengo em vantagem. Numa jogada individual, ele limpou dois zagueiros do time mineiro e bateu no canto de Wilson. Depois, aos trinta, Vitinho deu mais uma assistência e colocou Reinier na cara do gol para fazer 3 x 1 e dar mais uma vitória ao líder.

13/10 • ARENA DA BAIXADA (CURITIBA-PR)

25ª RODADA

Athletico-PR 0
Flamengo 2

Algoz do Flamengo na Copa do Brasil, o Athletico Paranaense não conseguiu parar o time de Jorge Jesus no Brasileirão, mesmo atuando em casa. Numa tarde inspirada de Bruno Henrique, autor de dois gols, o Mengão conquistou mais uma grande vitória na competição. De quebra, acabou ainda com um tabu de 45 anos sem vitória sobre o rival, como visitante, no Campeonato Brasileiro. Jogando de branco, o Flamengo marcou os seus gols nos minutos finais de cada tempo. No primeiro, Bruno Henrique roubou a bola do volante Wellington e tocou na saída de Léo. No segundo, Renê cruzou e Bruno Henrique só completou para fechar a vitória.

Árbitro: Bráulio da Silva Machado (SC) | **Renda:** R$1.326.180,00 | **Público:** 23.799 (pagantes); 25.473 (presentes) | **Gols:** Bruno Henrique 45' do 1º tempo; Bruno Henrique 46' do 2º tempo | **Cartões amarelos:** Léo Cittadini e Thiago Heleno (Athletico-PR); Éverton Ribeiro, Renê, Thuler, Bruno Henrique e Vitinho (Flamengo)
ATHLETICO-PR: Léo, Madson, Thiago Heleno, Léo Pereira e Márcio Azevedo (Adriano, intervalo); Wellington, Lucho González (Marco Rubén, 17' do 2º tempo), Léo Cittadini e Thonny Anderson; Rony e Marcelo Cirino (Éverton Felipe, 26' do 2º tempo). **Técnico:** Tiago Nunes
FLAMENGO: Diego Alves, Rafinha (João Lucas, intervalo), Rhodolfo (Thuler, 7' do 2º tempo), Pablo Marí e Renê; Willian Arão, Gerson, Éverton Ribeiro e Vitinho; Lucas Silva (Piris da Motta, 18' do 2º tempo) e Bruno Henrique. **Técnico:** Jorge Jesus

26ª RODADA

Fortaleza 1
Flamengo 2

16/10 • CASTELÃO (FORTALEZA-CE)

Com muitos desfalques, o Flamengo teve que encarar um duro rival no Castelão lotado e precisou conquistar a vitória na base da garra. No segundo tempo, aos 16 minutos, o árbitro deu um pênalti para o Fortaleza, num toque de mão de Pablo Marí. Bruno Melo cobrou e abriu o placar. Aos 35 minutos, o zagueiro Quintero também pôs a mão na bola dentro da área. Pênalti que Gabriel bateu e marcou. No final, aos 43 minutos, o garoto Reinier, de cabeça, fez o gol da vitória, após cruzamento de Vítor Gabriel. Sétima vitória do Fla como visitante, um recorde no Brasileirão no modelo de pontos corridos, desde 2003.

Árbitro: Paulo Roberto Alves Júnior (PR) | **Renda:** R$1.716.409,00 | **Público:** 49.101 (pagantes); 50.101 (presentes) | **Gols:** Bruno Melo 16', Gabriel 35' e Reinier 44' do 2º tempo | **Cartões amarelos:** Nenê Bonilha (Fortaleza); João Lucas, Reinier e Gabriel (Flamengo)
FORTALEZA: Felipe Alves, Tinga, Quintero, Paulão e Bruno Melo; Araruna, Nenê Bonilha (Juninho, 23' do 2º tempo) e Marlon; Felipe Pires, Kieza (Osvaldo, 34' do 2º tempo) e André Luís (Edinho, 44' do 1º tempo). **Técnico:** Rogério Ceni
FLAMENGO: Diego Alves, João Lucas (Rodinei, 35' do 2º tempo), Rodrigo Caio, Pablo Marí e Renê; Willian Arão, Gerson (Vítor Gabriel, intervalo), Vitinho e Reinier; Lucas Silva (Piris da Motta, 15' do 1º tempo) e Gabriel. **Técnico:** Jorge Jesus

Campeonato **Brasileiro**

27ª RODADA

Flamengo 2
Fluminense 0

No sexto Fla-Flu do ano, o rubro-negro chegou à terceira vitória – os demais jogos terminaram com dois empates e uma derrota. Bruno Henrique, que marcou seu nono gol em clássicos, e Gerson, que anotou contra o seu ex-clube, foram os responsáveis pela vitória que colocou o Flamengo com uma vantagem de dez pontos sobre o Palmeiras, vice-líder da competição. Após o primeiro gol logo aos três minutos – feito por Bruno Henrique, de cabeça, após cruzamento de Rodinei –, o Mengão encarou um jogo tranquilo contra o rival, preocupado em não entrar na zona do rebaixamento. No segundo tempo, Gerson mandou um belo chute, após receber uma assistência de Reinier, e definiu o placar.

20/10 • MARACANÃ (RIO DE JANEIRO-RJ)

Árbitro: Anderson Daronco (RS) | **Renda:** R$2.565.378,25 | **Público:** 47.496 (pagantes); 52.279 (presentes) | **Gols:** Bruno Henrique 3' do 1º tempo; Gerson 21' do 2º tempo | **Cartões amarelos:** Piris da Motta, Pablo Marí e Gabriel (Flamengo); Paulo Henrique Ganso, Caio Henrique, Frazan, Yuri Lima e Lucão (Fluminense)
FLAMENGO: Diego Alves, Rodinei, Rodrigo Caio, Pablo Marí e Filipe Luís (Renê, 25' do 2º tempo); Piris da Motta, Gerson (Willian Arão, 22' do 2º tempo), Éverton Ribeiro e Vitinho (Reinier, 16' do 2º tempo); Bruno Henrique e Gabriel. **Técnico:** Jorge Jesus
FLUMINENSE: Muriel, Gilberto, Nino, Frazan e Caio Henrique; Allan, Daniel, Paulo Henrique Ganso (Lucão, 26' do 2º tempo) e Nenê (Yuri Lima, 28' do 2º tempo); Wellington Nem (João Pedro, 35' do 2º tempo) e Yony González. **Técnico:** Marcão

27/10 • MARACANÃ (RIO DE JANEIRO-RJ)

28ª RODADA

Flamengo 1
CSA 0

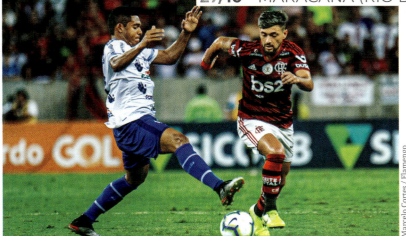

Árbitro: Rodolpho Toski Marques (PR) | **Renda:** R$3.735.850,25 | **Público:** 65.649 (pagantes); 69.846 (presentes) | **Gol:** Arrascaeta 8' do 1º tempo | **Cartões amarelos:** Gerson (Flamengo); João Carlos e Apodi (CSA)
FLAMENGO: Diego Alves, Rafinha, Rodrigo Caio, Thuler e Filipe Luís; Willian Arão, Gerson, Éverton Ribeiro (Reinier, 25' do 2º tempo) e Arrascaeta (Vitinho, 25' do 2º tempo); Bruno Henrique e Gabriel (Vinícius Souza, 47' do 2º tempo). **Técnico:** Jorge Jesus
CSA: João Carlos, Celsinho, Alan Costa, Luciano Castán e Carlinhos (Alecsandro, 33' do 2º tempo); Dawhan, Nílton (Jean Cléber, 15' do 2º tempo), Jonatan Gómez (Euller, 25' do 2º tempo) e Apodi; Warley e Ricardo Bueno. **Técnico:** Argel Fucks

Depois da goleada de 5 x 0 sobre o Grêmio na semifinal da Libertadores, o Flamengo recebeu o maior público do ano no país (quase 70 mil torcedores) na partida contra o CSA. Mas quem foi ao Maracanã acabou vendo um jogo complicado com um adversário que estava na zona do rebaixamento. Depois do gol de Arrascaeta, no início da partida, com passe de Éverton Ribeiro, o Fla encontrou dificuldades para furar o bloqueio do time alagoano, mesmo alcançando 18 finalizações. No final, o CSA ainda surpreendeu nos contra-ataques, exigindo defesas difíceis de Diego Alves.

31/10 • SERRA DOURADA (GOIÂNIA-GO)

29ª RODADA

Goiás **2**
Flamengo **2**

Depois de abrir uma vantagem de 2 x 0, o Flamengo viu o Goiás reagir no final e saiu do Serra Dourada com um empate amargo. Com um primeiro tempo sem muitas chances de gol, a partida ganhou em emoção na segunda etapa. Aos nove minutos, Gabriel aproveitou um rebote, após uma batida de escanteio, e mandou para o gol. Aos 17, em jogada parecida, a bola sobrou para Rodrigo Caio, que fez o segundo gol. Pouco depois, aos 31, Rafael Moura diminuiu, de cabeça. Nos acréscimos, porém, o goleiro César cometeu uma falta fora da área e foi expulso, abrindo espaço para o Goiás empatar, com Michael, que tocou na saída do goleiro substituto Gabriel Batista.

Árbitro: Ricardo Marques Ribeiro (MG) | **Renda:** R$3.358.890,00 | **Público:** 35.170 (pagantes); 38.345 (presentes) | **Gols:** Gabriel 9', Rodrigo Caio 18', Rafael Moura 31' e Michael 49' do 2º tempo | **Cartões amarelos:** Rafael Moura, Gilberto, Jefferson, Papagaio (banco) e Leandro Barcia (Goiás); César, Bruno Henrique e Gabriel (Flamengo) | **Cartão vermelho:** César (Flamengo) 42' do 2º tempo
GOIÁS: Tadeu, Yago Rocha (Breno, 24' do 2º tempo), Fábio Sanches, Rafael Vaz e Jefferson (Alan Ruschel, 29' do 2º tempo); Yago Felipe, Gilberto e Léo Sena (Thalles, 22' do 2º tempo); Michael, Rafael Moura e Leandro Barcia. **Técnico:** Ney Franco
FLAMENGO: César, Rodinei, Rodrigo Caio, Pablo Marí e Filipe Luís; Willian Arão, Piris da Motta, Éverton Ribeiro (Vitinho, 31' do 2º tempo) (Gabriel Batista, 43' do 2º tempo) e Arrascaeta (Gerson, 21' do 2º tempo); Bruno Henrique e Gabriel. **Técnico:** Jorge Jesus

30ª RODADA

Flamengo **4**
Corinthians **1**

Com mais um show de Bruno Henrique, o Flamengo atropelou o Corinthians, que acabou demitindo o técnico Fábio Carille. Com muito mais posse de bola do que o rival (68% a 32%) e mais finalizações (16 a 7), o Mengão amassou o time paulista. Bruno Henrique, em tarde de gala, foi o melhor em campo. No final do primeiro tempo, após pênalti de Cássio em Arrascaeta, o camisa 27 abriu o placar. Dois minutos depois, aos 47, ele marcou seu segundo gol. Na volta do intervalo, logo aos 26 segundos, o atacante recebeu de Gerson e anotou seu terceiro gol na partida. O Corinthians chegou a descontar com Mateus Vital, mas logo levou o quarto gol, feito por Vitinho com um belo chute de fora da área.

3/11 • MARACANÃ (RIO DE JANEIRO-RJ)

Árbitro: Jean Pierre Gonçalves Lima (RS) | **Renda:** R$3.684.919,00 | **Público:** 59.822 (pagantes); 64.985 (presentes) | **Gols:** Bruno Henrique 45' e 47' do 1º tempo; Bruno Henrique 26", Mateus Vital 6' e Vitinho 21' do 2º tempo | **Cartão amarelo:** Régis (Corinthians, banco)
FLAMENGO: Diego Alves, Rafinha (Rodinei, 34' do 2º tempo), Rodrigo Caio, Pablo Marí e Renê; Willian Arão, Gerson, Éverton Ribeiro e Arrascaeta (Diego, 34' do 2º tempo); Bruno Henrique e Reinier (Vitinho, intervalo). **Técnico:** Jorge Jesus
CORINTHIANS: Cássio (Caique França, 24' do 2º tempo), Fágner (Michel, 24' do 2º tempo), Bruno Méndez, Gil e Carlos Augusto; Ralf, Júnior Urso, Ramiro (Janderson, 22' do 2º tempo) e Pedrinho; Mateus Vital e Gustavo. **Técnico:** Fabio Carille

Campeonato **Brasileiro**

31ª RODADA

Botafogo **0**
Flamengo **1**

7/11 • ENGENHÃO (RIO DE JANEIRO-RJ)

Perto do título brasileiro, o Flamengo foi ao Engenhão e enfrentou o Botafogo, que, preocupado em não entrar na zona do rebaixamento, jogou totalmente na retranca. Com 71% de posse de bola, o rubro-negro tentou a vitória desde o início e, nos minutos finais, foi premiado com um gol de Lincoln, que substituiu Vitinho. O jovem atacante marcou aos 44 minutos, após receber um cruzamento de Bruno Henrique. Com 18 finalizações contra apenas sete do rival, o Mengão demorou, mas saiu com a vitória, a terceira nos três clássicos contra o Botafogo no ano.

Árbitro: Leandro Pedro Vuaden (RS) | **Renda:** R$354.689,00 | **Público:** 20.958 (pagantes); 23.092 (presentes) | **Gol:** Lincoln 44' do 2º tempo | **Cartões amarelos:** Fernando, Joel Carli, Gabriel e Jean (Botafogo); Rafinha e Pablo Marí (Flamengo) | **Cartão vermelho:** Luiz Fernando (Botafogo) 8' do 2º tempo
BOTAFOGO: Gatito Fernández, Fernando, Joel Carli, Gabriel e Yuri; Cícero, Alex Santana (Jean, 25' do 2º tempo), João Paulo e Leo Valencia (Lucas Barros, 41' do 2º tempo); Luiz Fernando e Igor Cássio (Victor Rangel, 47' do 2º tempo). **Técnico:** Alberto Valentim
FLAMENGO: Diego Alves, Rafinha, Rodrigo Caio, Pablo Marí e Renê; Willian Arão, Gerson (Lucas Silva, 38' do 2º tempo), Éverton Ribeiro e Vitinho (Lincoln, 31' do 2º tempo); Bruno Henrique e Gabriel (Piris da Motta, 46' do 2º tempo). **Técnico:** Jorge Jesus

---

10/11 • MARACANÃ (RIO DE JANEIRO-RJ)

32ª RODADA

Flamengo **3**
Bahia **1**

Último time a vencer o Flamengo no Brasileirão (na 13ª rodada), o Bahia começou dando um susto. No primeiro tempo, num chute de Élber, a bola desviou no volante Willian Arão, que mandou para o próprio gol. Na segunda etapa, porém, só deu Mengão. Aos nove minutos, Reinier, de cabeça, empatou, após cruzamento de Gabriel. Depois, aos 26 minutos, Bruno Henrique virou, com nova assistência de Gabriel. Já aos 42 minutos, Gabigol deixou o seu, fechando o placar em 3 x 1. A torcida, em festa, começou então a entoar o grito de "É campeão!" no Maraca.

Árbitro: Caio Max Augusto Vieira (RN) | **Renda:** R$4.119.304,00 | **Público:** 60.961 (pagantes); 65.930 (presentes) | **Gols:** Willian Arão (contra) 38' do 1º tempo; Reinier 9', Bruno Henrique 26' e Gabriel 42' do 2º tempo | **Cartão amarelo:** Bruno Henrique (Flamengo)
FLAMENGO: Diego Alves, Rodinei, Rodrigo Caio, Pablo Marí e Filipe Luís; Willian Arão, Gerson (Piris da Motta, 16' do 2º tempo), Éverton Ribeiro e Vitinho (Reinier, intervalo); Bruno Henrique (Diego, 45' do 2º tempo) e Gabriel. **Técnico:** Jorge Jesus
BAHIA: Douglas Friedrich, Nino Paraíba, Lucas Fonseca, Juninho e Moisés; Flávio, Gregore e João Pedro (Guerra, 30' do 2º tempo); Artur, Élber (Rogério, 25' do 2º tempo) e Gilberto (Arthur Caíke, 19' do 2º tempo). **Técnico:** Roger Machado

©Alexandre Vidal / Flamengo

34ª RODADA

Flamengo 4
Vasco 4

Por conta da final da Libertadores, o clássico entre Flamengo e Vasco foi antecipado. E numa partida memorável, com oito gols e muita emoção, os rivais empataram por 4 x 4. Depois de sair na frente logo aos 38 segundos, com gol de Éverton Ribeiro, o Fla levou a virada, ainda no primeiro tempo. Arrancou, porém, o empate nos acréscimos, com o gol contra de Danilo Barcelos após jogada de Rafinha. No segundo tempo, o Vasco marcou 3 x 2 aos sete minutos, mas, depois, Bruno Henrique fez dois gols, chegando à marca dos dez em clássicos de 2019. No final da partida, já nos acréscimos, Marrony empatou para o Vasco.

13/11 • MARACANÃ (RIO DE JANEIRO-RJ)*

Árbitro: Wilton Pereira Sampaio (GO) | **Renda:** R$3.061.381,00 | **Público:** 47.838 (pagantes); 52.757 (presentes) | **Gols:** Éverton Ribeiro 38", Marrony 33', Yago Pikachu 37' e Danilo Barcelos (contra) 49' do 1º tempo; Marcos Júnior 7', Bruno Henrique 20' e 35' e Ribamar 48' do 2º tempo | **Cartões amarelos:** Gabriel, Rafinha, Willian Arão, Filipe Luís, Gerson e Bruno Henrique (Flamengo); Richard, Rossi, Raul, Marrony e Yago Pikachu (Vasco)
FLAMENGO: Diego Alves, Rafinha, Rodrigo Caio, Pablo Marí e Filipe Luís; Willian Arão, Gerson (Vitinho, 32' do 2º tempo), Éverton Ribeiro (Piris da Motta, 42' do 2º tempo) e Reinier (Arrascaeta, intervalo); Bruno Henrique e Gabriel. **Técnico:** Jorge Jesus
VASCO: Fernando Miguel, Yago Pikachu, Oswaldo Henríquez, Ricardo Graça e Danilo Barcelos; Richard, Raul (Gabriel Pec, 45' do 2º tempo), Fredy Guarín e Marcos Júnior (Bruno César 32, do 2º tempo); Marrony (Ribamar, 36' do 2º tempo) e Rossi. **Técnico:** Vanderlei Luxemburgo

*Jogo antecipado

Campeonato **Brasileiro**

33ª RODADA

Grêmio 0
Flamengo 1

17/11 • ARENA DO GRÊMIO (PORTO ALEGRE-RS)

No último jogo antes da decisão da Libertadores, o Flamengo enfrentou o Grêmio, em Porto Alegre, com apenas três titulares (Diego Alves, Arrascaeta e Gabriel). Ainda assim, manteve o seu padrão de jogo e voltou com mais uma vitória para casa. Aos 37 minutos do primeiro tempo, o lateral direito Leonardo Moura cometeu um pênalti, ao colocar a mão na bola dentro da área. Gabigol, com frieza, bateu e marcou. Na comemoração, aproveitou ainda para tirar onda com a torcida gremista, por conta da goleada de 5 x 0 na Libertadores. Na etapa final, por reclamação, Gabriel foi expulso aos 28 minutos.

Alexandre Vidal / Flamengo

Árbitro: Raphael Claus (SP) | **Renda:** R$1.175.820,00 | **Público:** 28.541 (pagantes); 30.980 (presentes) | **Gol:** Gabriel 37' do 1º tempo | **Cartões amarelos:** Alisson (Grêmio); Piris da Motta e Rodinei (Flamengo) | **Cartão vermelho:** Gabriel (Flamengo) 28' do 2º tempo
GRÊMIO: Paulo Victor, Leonardo Moura (Felipe Vizeu, 31' do 2º tempo), Geromel, David Braz e Bruno Cortez; Michel (André, 20' do 2º tempo), Maicon e Alisson; Diego Tardelli (Pepê, intervalo), Éverton e Luciano. **Técnico:** Renato Gaúcho
FLAMENGO: Diego Alves, Rodinei, Rhodolfo, Thuler (Rodrigo Caio, 39' do 2º tempo) e Renê; Piris da Motta, Diego (Vinícius Souza, 20' do 2º tempo), Lucas Silva (Éverton Ribeiro, 10' do 2º tempo), Arrascaeta e Reinier; Gabriel. **Técnico:** Jorge Jesus

27/11 • MARACANÃ (RIO DE JANEIRO-RJ)

35ª RODADA

Flamengo 4
Ceará 1

Após o título da Libertadores, com uma virada sensacional sobre o River Plate nos minutos finais, o Flamengo voltou ao Maracanã no jogo contra o Ceará para receber a taça de campeão brasileiro, já que a derrota do Palmeiras para o Grêmio, ocorrida dias antes, garantiu matematicamente o hepta ao Mengão. No jogo festivo, o Fla saiu atrás, mas a grande atuação de Bruno Henrique no segundo tempo garantiu três gols, fazendo com que o rubro-negro virasse mais uma partida, mantivesse sua invencibilidade de 27 jogos e fizesse a festa para os mais de 67 mil torcedores. Vitinho, nos acréscimos, ainda deixou o seu na goleada.

Árbitro: Paulo Roberto Alves Júnior (PR) | **Renda:** R$5.377.084,00 | **Público:** 61.246 (pagantes); 67.539 (presentes) | **Gols:** Thiago Galhardo 24' do 1º tempo; Bruno Henrique 19', 28' e 40' e Vitinho 46' do 2º tempo | **Cartões amarelos:** Vitinho e Rodrigo Caio (Flamengo); Valdo (Ceará) | **Cartão vermelho:** Samuel Xavier (Ceará) 39' do 2º tempo
FLAMENGO: Diego Alves, Rodinei, Rhodolfo, Rodrigo Caio e Renê; Willian Arão, Diego (Lincoln, 7' do 2º tempo), Éverton Ribeiro, Arrascaeta (Gerson, 41' do 2º tempo) e Reinier (Vitinho, 37' do 1º tempo); Bruno Henrique. **Técnico:** Jorge Jesus
CEARÁ: Diogo Silva, Samuel Xavier, Eduardo Brock, Valdo e João Lucas (Leandro Carvalho, 30' do 2º tempo); Fabinho, Ricardinho (Mateus Gonçalves, 25' do 2º tempo), Felipe Baxola, Chico e Pedro Ken; Thiago Galhardo (Tiago Alves, intervalo). **Técnico:** Adílson Batista

---

36ª RODADA

Palmeiras 1
Flamengo 3

1/12 • ALLIANZ PARQUE (SÃO PAULO-SP)

Campeão brasileiro com uma pontuação recorde, o Flamengo foi para São Paulo e conquistou mais uma vitória sobre o Palmeiras, garantindo também o recorde de gols em uma única edição do Brasileirão desde 2006, quando o campeonato passou a ser disputado por vinte clubes. O primeiro gol foi de Arrascaeta logo no início do jogo, aos seis minutos, após passe de Gabriel. Foi também Gabriel o autor dos dois gols seguintes, o primeiro após passe do próprio Arrascaeta, o segundo, de Gerson. No final, Matheus Fernandes fez um gol e a partida terminou em 3 x 1. A vitória causou a queda de outro treinador do Palmeiras, Mano Menezes.

Árbitro: Ricardo Marques Ribeiro (MG) | **Renda:** R$1.291.119,40 | **Público:** 22.219 (pagantes); público presente não informado | **Gols:** Arrascaeta 4' e Gabriel 45' do 1 tempo; Gabriel 1' e Matheus Fernandes 38' do 2º tempo | **Cartões amarelos:** Willian (Palmeiras); Vitinho e Rafinha (Flamengo)
PALMEIRAS: Jaílson, Marcos Rocha, Luan, Vítor Hugo e Diogo Barbosa; Felipe Melo (Matheus Fernandes, 18' do 2º tempo), Bruno Henrique, Ramires (Gustavo Scarpa, intervalo) e Lucas Lima (Willian, 8' do 2º tempo); Dudu e Luiz Adriano. **Técnico:** Mano Menezes
FLAMENGO: Diego Alves, Rafinha (Rodinei, 14' do 2º tempo), Rodrigo Caio, Rhodolfo e Filipe Luís; Willian Arão, Gerson, Vitinho (Piris da Motta, 24' do 2º tempo) e Arrascaeta; Bruno Henrique (Diego, intervalo) e Gabriel. **Técnico:** Jorge Jesus

Campeonato Brasileiro

37ª RODADA

Flamengo **6**
Avaí **1**

5/12 • MARACANÃ (RIO DE JANEIRO-RJ)

No último jogo em casa, o Flamengo recebeu quase setenta mil pessoas no Maracanã, que se despediram do time antes da disputa do Mundial de Clubes no Catar. Jogando contra o lanterna do campeonato, o Mengão voltou a fazer uma goleada e ganhou por 6 x 1, com gols de Arrascaeta, Diego e Gabriel no primeiro tempo – Lourenço ainda descontou para o Avaí –, e Lincoln e Reinier (duas vezes), no segundo tempo. Rafinha, Diego, Lincoln e Arrascaeta, duas vezes, deram as assistências da partida.

Árbitro: Jefferson Ferreira de Moraes (GO) | **Renda:** R$3.401.634,00 | **Público:** 64.648 (pagantes); 69.090 (presentes) | **Gols:** Arrascaeta 11', Lourenço 21', Diego 36' e Gabriel 39' do 1º tempo; Lincoln 11' e Reinier 38' e 43' do 2º tempo | **Cartão amarelo:** Lourenço (Avaí)
FLAMENGO: César, Rafinha, Thuler, Rhodolfo e Renê; Piris da Motta, Diego, Éverton Ribeiro (Willian Arão, 36' do 2º tempo), Arrascaeta (Gerson, 26' do 2º tempo); Lincoln (Reinier, 15' do 2º tempo) e Gabriel. **Técnico:** Jorge Jesus
AVAÍ: Vladimir, Lourenço, Eduardo Kunde, Marquinhos Silva e Igor Fernandes; Ramon, Luanderson (Gabriel Lima, 5' do 2º tempo), Richard Franco e Wesley (Marcinho, 41' do 2º tempo); Caio Paulista (Vinícius Araújo, 18' do 2º tempo) e Jonathan. **Técnico:** Evando Camillato

---

8/12 • VILA BELMIRO (SANTOS-SP)

38ª RODADA

Santos **4**
Flamengo **0**

Com o título garantido, recordes batidos e já focado no Mundial de Clubes, o Flamengo fez o seu último jogo do Brasileirão ainda com seu time titular. Mas não conseguiu repetir as atuações anteriores e perdeu para o Santos, vice-campeão, na Vila Belmiro. O resultado acabou com uma série de 24 jogos sem derrota no Brasileirão e a invencibilidade de 29 partidas na temporada. A goleada de 4 x 0 foi também a maior sofrida pelo rubro-negro no ano e no comando do técnico Jorge Jesus.

Árbitro: Paulo Roberto Alves Júnior (PR) | **Renda:** R$574.130,00 | **Público:** 13.310 (pagantes); público presente não informado | **Gols:** Marinho 14' e Carlos Sánchez 23' do 1º tempo; Eduardo Sasha 18' e Carlos Sánchez 39' do 2º tempo | **Cartões amarelos:** Marinho e Carlos Sánchez (Santos); Filipe Luís, Gabriel e Rodinei (Flamengo)
SANTOS: Everson, Victor Ferraz, Lucas Veríssimo, Gustavo Henrique e Jorge; Alison (Jobson, 29' do 2º tempo), Diego Pituca e Carlos Sánchez (Sandry, 46' do 2º tempo); Marinho, Eduardo Sasha (Jean Mota, 42' do 2º tempo) e Soteldo. **Técnico:** Jorge Sampaoli
FLAMENGO: Diego Alves, Rodinei (João Lucas, 45' do 2º tempo), Rodrigo Caio, Pablo Marí e Filipe Luís; Willian Arão, Gerson, Éverton Ribeiro e Arrascaeta (Diego, 25' do 2º tempo); Bruno Henrique (Vitinho, intervalo) e Gabriel. **Técnico:** Jorge Jesus

Estatísticas

38 jogos
28 vitórias
6 empates
4 derrotas
86 gols marcados
27 gols sofridos

Artilheiros

Gabriel	**25** gols
Bruno Henrique	**21** gols
Arrascaeta	**13** gols
Reinier	**6** gols
Vitinho	**5** gols
Lincoln	**3** gols
Éverton Ribeiro	**2** gols
Gerson	**2** gols
Pablo Marí	**2** gols
Rodrigo Caio	**2** gols
Willian Arão	**2** gols
Berrío	**1** gol
Diego	**1** gol
Danilo Barcelos (Vasco), contra	**1** gol

Assistências

Arrascaeta	14
Gabriel	8
Éverton Ribeiro	7
Willian Arão	6
Rafinha	5
Bruno Henrique	4
Gerson	3
Vitinho	3
Berrío	2
Lincoln	2
Reinier	2
Renê	2
Trauco	2
Diego	1
Hugo Moura	1
Rodinei	1
Ronaldo	1
Vítor Gabriel	1

Jogadores utilizados
36

Campeonato **Brasileiro**

Quem mais jogou

Willian Arão (V)	35
Bruno Henrique (A)	33
Diego Alves (G)	32
Éverton Ribeiro (M)	32
Rodrigo Caio (Z)	29
Gabriel (A)	29
Gerson (V)	27
Piris da Motta (V)	26
Vitinho (A)	25
Renê (LE)	23
Arrascaeta (M)	23
Pablo Marí (Z)	22
Rafinha (LD)	20
Rodinei (LD)	17
Filipe Luís (LE)	16
Diego (M)	16
Berrío (A)	15
Reinier (M)	14
Thuler (Z)	13
Lincoln (A)	11
Rhodolfo (Z)	9
Cuéllar (V)	9
Lucas Silva (M)	9
Léo Duarte (Z)	7
César (G)	6
Pará (LD)	6
João Lucas (LD)	6
Trauco (LE)	5
Ronaldo (V)	3
Vinícius Souza (M)	3
Gabriel Batista (G)	1
Juan (Z)	1
Dantas (Z)	1
Rafael Santos (Z)	1
Hugo Moura (V)	1
Vítor Gabriel (A)	1
Bill (A)	1

Classificação final

POS.	CLUBE	PG	J	V	E	D	GP	GC
1°	Flamengo	90	38	28	6	4	86	37
2°	Santos	74	38	22	8	8	60	33
3°	Palmeiras	74	38	21	11	6	61	32
4°	Grêmio	65	38	19	8	11	64	39
5°	Athletico-PR	64	38	18	10	10	51	32
6°	São Paulo	63	38	17	12	9	39	30
7°	Internacional	57	38	16	9	13	44	39
8°	Corinthians	56	38	14	14	10	42	34
9°	Fortaleza	53	38	15	8	15	50	49
10°	Goiás	52	38	15	7	16	46	64
11°	Bahia	49	38	12	13	13	44	43
12°	Vasco	49	38	12	13	13	39	45
13°	Atlético-MG	48	38	13	9	16	45	49
14°	Fluminense	46	38	12	10	16	38	46
15°	Botafogo	43	38	13	4	21	31	45
16°	Ceará	39	38	10	9	19	36	41
17°	Cruzeiro	36	38	7	15	16	27	46
18°	CSA	32	38	8	8	22	24	58
19°	Chapecoense	32	38	7	11	20	31	52
20°	Avaí	20	38	3	11	24	18	62

"Fim de um campeonato histórico! Quase todos os recordes batidos. É muito orgulho fazer parte dessa história! Valeu, nação!"
Diego Alves

"O sonho virou realidade, o trabalho árduo valeu a pena. Obrigado, meu Deus, por esse momento mágico e histórico."
Rodrigo Caio

"Acabou o campeonato, mas a história ficará marcada para sempre. Ser campeão é maravilhoso, e, com vários recordes batidos, é ainda melhor."
Diego

"Maior artilheiro dos pontos corridos do Brasileirão. Um sonho, um orgulho!"
Gabriel

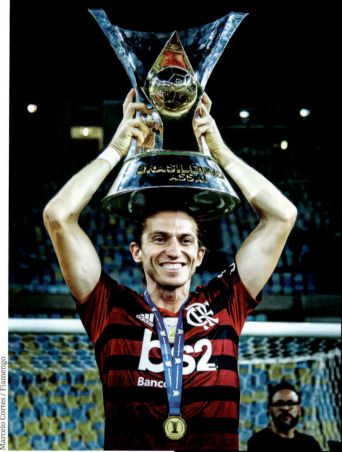

"O Brasileiro sempre foi o meu sonho desde pequeno. Eu não tinha dimensão da importância da Libertadores. Por isso sonhava em ganhar o Brasileirão, o campeonato mais disputado, com jogos complicados, viagens desgastantes. Consegui realizar mais um sonho."
Filipe Luís

"Dois títulos em menos de 24 horas. A cada dia um novo sonho se torna realidade. Gravei meu nome na história. Que venham mais páginas desse lindo livro. Eu nasci Flamengo e sempre vou te amar."
Gerson

"Nunca tive uma relação tão forte como tenho com a equipe do Flamengo. Sou treinador há 38 anos, e encontrei um grupo que me ama. Nunca tive um grupo tão forte e confiante no treinador e nas minhas ideias."
Jorge Jesus

Copa Libertadores da América

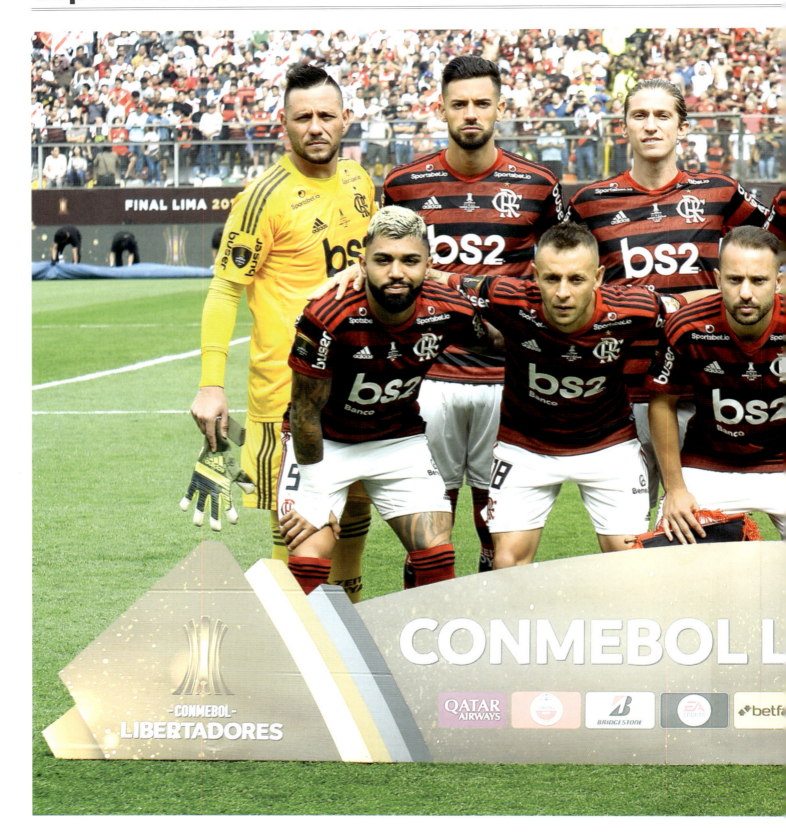

Em pé: Diego Alves, Pablo Marí, Filipe Luís, Willian Arão e Rodrigo Caio.
Agachados: Gabriel, Rafinha, Éverton Ribeiro, Arrascaeta, Gerson e Bruno Henrique.

FASE DE GRUPOS (GRUPO D)

San José-BOL 0
Flamengo 1

Classificado para a fase de grupos por ter sido vice-campeão brasileiro de 2018, o Flamengo estreou na Libertadores de 2019 jogando a 3.700 metros de altitude, na cidade de Oruro. Apesar do jogo complicado, o rubro-negro saiu da Bolívia com a primeira vitória fora de casa numa estreia de Libertadores. O goleiro Diego Alves, com oito defesas, foi um dos melhores jogadores em campo. Outro destaque foi Bruno Henrique, que deu um passe perfeito para Gabriel marcar o gol da vitória. Apesar de finalizar menos (13 contra 25 do time boliviano) e ter menos posse de bola (46% contra 54%), o Flamengo foi mais eficiente e conquistou três pontos importantes fora de casa.

5/3 • JESÚS BERMÚDEZ (ORURO-BOLÍVIA)

Árbitro: Nestor Pitana (Argentina) | Renda não informada | Público pagante e presente não informado | **Gol:** Gabriel 14' do 2º tempo | **Cartões amarelos:** Iker Hernández, Alessandrini e Segovia (San José); Diego, Léo Duarte, Bruno Henrique e Diego Alves (Flamengo)
SAN JOSÉ: Lampe, Segovia, Toco, Edemir Rodríguez e Jair Torrico; Kevin Fernández (Gutiérrez, 21' do 2º tempo), Didí Torrico, Rodrigo Ramallo e Sanguinetti (Marcelo Gomes, 9' do 2º tempo); Iker Hernández (Alessandrini, 21' do 2º tempo) e Saucedo. **Técnico:** Néstor Clausen
FLAMENGO: Diego Alves, Pará, Léo Duarte, Rodrigo Caio e René; Cuéllar, Willian Arão, Diego (Ronaldo, 40' do 2º tempo) e Arrascaeta (Éverton Ribeiro, intervalo); Bruno Henrique (Vitinho, 32' do 2º tempo) e Gabriel.
Técnico: Abel Braga

Copa Libertadores **da América**

FASE DE GRUPOS (GRUPO D)

Flamengo 3
LDU Quito-EQU 1

Em sua primeira partida em casa na Libertadores, o Flamengo mostrou superioridade e venceu a LDU Quito. Logo no início do jogo, após uma boa troca de passes, Diego serviu Éverton Ribeiro, que apenas empurrou para abrir o placar aos sete minutos. No final do primeiro tempo, Diego cometeu pênalti em Vega. Na cobrança, Diego Alves brilhou e pegou o chute de Intriago. Na segunda etapa, o Mengão ampliou aos 23 minutos, com gol de Gabriel após passe de Bruno Henrique, e depois com o colombiano Uribe, após assistência de Willian Arão. Nos acréscimos, Trauco fez pênalti em Freire. O atacante colombiano Cristian Borja, que atuara no Flamengo em 2010, converteu, fechando o placar em 3 x 1.

13/3 • MARACANÃ (RIO DE JANEIRO-RJ)

Árbitro: Germán Delfino (Argentina) | **Renda:** R$2.596.530,50 | **Público:** 58.034 (pagantes); 62.440 (presentes) | **Gols:** Éverton Ribeiro 8' do 1º tempo; Gabriel 23', Uribe 36' e Borja 46' do 2º tempo | **Cartões amarelos:** Cuéllar (Flamengo); Aguirre e Intriago (LDU Quito)
FLAMENGO: Diego Alves, Pará, Léo Duarte, Rodrigo Caio e Renê (Trauco, 43' do 2º tempo); Cuéllar (Arrascaeta, 41' do 2º tempo), Willian Arão, Diego e Éverton Ribeiro; Bruno Henrique (Uribe, 36' do 2º tempo) e Gabriel. **Técnico:** Abel Braga
LDU QUITO: Gabbarini, Quintero, Nico Freire, Carlos Rodríguez e Christian Cruz; Intriago (Murillo, 31' do 2º tempo), Orejuela, Vega, Jhojan Julio e José Ayoví (Angulo, 15' do 2º tempo); Rodrigo Aguirre (Borja, 34' do 2º tempo). **Técnico:** Pablo Repetto

©Alexandre Vidal / Flamengo

FASE DE GRUPOS (GRUPO D)

Flamengo 0
Peñarol-URU 1

Diante de mais de 66 mil torcedores (público recorde no Brasil em 2019 até então), o Flamengo recebeu o Peñarol no Maracanã, mas acabou sofrendo uma inesperada derrota, sua primeira na Libertadores. Mesmo tendo mais posse de bola (60% contra 40%) e mais finalizações (9 contra 7), o Flamengo não conseguiu furar o bloqueio da zaga uruguaia e, a partir dos 28 do segundo tempo, ainda jogou com um a menos, já que Gabigol foi expulso após um carrinho no meia Rojo. Para piorar, no final da partida, aos 43 minutos, o atacante Viatri cabeceou com precisão, no ângulo de Diego Alves, e deu a vitória ao Peñarol.

3/4 • MARACANÃ (RIO DE JANEIRO-RJ)

Árbitro: Patricio Loustau (Argentina) | **Renda:** R$2.662.773,50 | **Público:** 61.576 (pagantes); 66.716 (presentes) | **Gol:** Viatri 43' do 2º tempo | **Cartões amarelos:** Cuéllar e Diego (Flamengo); Giovanni González, Rojo, Guzmán Pereira, Formiliano e Lema (Peñarol) | **Cartão vermelho:** Gabriel 30' do 2º tempo
FLAMENGO: Diego Alves, Pará, Léo Duarte, Rodrigo Caio e Renê; Cuéllar, Willian Arão (Vitinho, 23' do 2º tempo), Diego e Éverton Ribeiro; Bruno Henrique (Uribe, 42' do 2º tempo) e Gabriel. **Técnico:** Abel Braga
PEÑAROL: Dawson, Giovanni González, Formiliano, Lema e Lucas Hernández; Guzmán Pereira (Viatri, 36' do 2º tempo), Gargano, Brian Rodríguez (Rojo, 29' do 2º tempo) e Cristian Rodríguez; Darwin Núñez (Gastón Rodríguez, 19' do 2º tempo) e Canobbio. **Técnico:** Diego López

Copa Libertadores **da América**

FASE DE GRUPOS (GRUPO D)

Flamengo **6**
San José-BOL **1**

No returno do Grupo D, o Flamengo recebeu o San José e aplicou a maior goleada do torneio. Com um gol logo aos dois minutos, quando Diego acertou uma cabeçada após passe de Bruno Henrique, o rubro-negro ficou ainda mais à vontade dois minutos depois, quando o zagueiro Toco foi expulso. O San José chegou a empatar no primeiro tempo, mas o Fla voltou a ficar na frente com um gol de Éverton Ribeiro, que contou com outra assistência de Bruno Henrique. No segundo tempo, Arrascaeta aumentou o placar, após passe de Éverton Ribeiro, que marcou mais um gol aos 35 minutos, aproveitando um cruzamento de Pará. Em seguida, Vitinho marcou o seu, seguido pelo gol contra de Gutiérrez, fechando o placar em 6 x 1.

11/4 • MARACANÃ (RIO DE JANEIRO-RJ)

Árbitro: Piero Maza (Chile) | **Renda:** R$2.543.038,50 | **Público:** 60.955 (pagantes); 64.814 (presentes) | **Gols:** Diego 3', Saucedo 19' e Éverton Ribeiro 31' do 1º tempo; Arrascaeta 12', Éverton Ribeiro 35', Vitinho 39' e Helmut Gutiérrez (contra) 43' do 2º tempo | **Cartões amarelos:** Willian Arão (Flamengo); Eremir Rodríguez (San José) | **Cartão vermelho:** Toco (San José) 4' do 1º tempo
FLAMENGO: Diego Alves, Pará, Léo Duarte, Rodrigo Caio e Renê (Trauco, 41' do 2º tempo); Cuéllar, Willian Arão, Diego (Vitinho, 23' do 2º tempo) e Éverton Ribeiro (Lucas Silva, 35' do 2º tempo); Arrascaeta e Bruno Henrique. **Técnico:** Abel Braga
SAN JOSÉ: Lampe, Juárez (Rojas, intervalo), Edemir Rodríguez, Toco e Jair Torrico; Ovando, Didi Torrico, Helmut Gutiérrez, Sanguinetti e Rodrigo Ramallo (Marcelo Gomes, 30' do 2º tempo); Saucedo (Alessandrini, 30' do 2º tempo). **Técnico:** Nestor Claucen

©Alexandre Vidal / Flamengo

FASE DE GRUPOS (GRUPO D)

LDU Quito-EQU 2
Flamengo 1

Em sua segunda partida fora de casa na Libertadores, o Flamengo voltou a enfrentar um adversário na altitude: Quito fica a 2.850 metros acima do mar. Mas, dessa vez, o rubro-negro sentiu mais a correria adversária e acabou perdendo a partida. No primeiro tempo, aos 19 minutos, Bruno Henrique, de cabeça, aproveitou um cruzamento de Pará pela direita e fez 1 x 0. No final do primeiro tempo, Éverton Ribeiro quase ampliou, mas acertou a trave de Gabbarini aos 44 minutos. Pouco depois, porém, Anangonó pegou uma sobra dentro da área e empatou o jogo, já nos acréscimos. No segundo tempo, sentindo a altitude, o Flamengo sofreu a virada, com um gol de Chicaiza aos 28 minutos.

24/4 • CASA BLANCA (QUITO-EQUADOR)

Árbitro: Nestor Pitana (Argentina) | Público pagante e presente não informado | **Gols:** Bruno Henrique 19' e Anangonó 48' do 1º tempo; Chicaiza 28' do 2º tempo | **Cartões amarelos:** Intriago e Chicaiza (LDU Quito); Rodrigo Caio (Flamengo)
LDU QUITO: Gabbarini, Quintero, Carlos Rodríguez, Guerra (Nico Freire, 35' do 2º tempo) e Christian Cruz; Intriago, Orejuela, Jhojan Julio (Chicaiza, 9' do 2º tempo), Anderson Julio e Ayoví (Muñoz, 6' do 2º tempo); Anangonó. **Técnico:** Pablo Repetto
FLAMENGO: Diego Alves (César, 38' do 2º tempo), Pará, Léo Duarte, Rodrigo Caio e Renê; Cuéllar, Willian Arão, Arrascaeta (Diego, intervalo) e Éverton Ribeiro; Bruno Henrique e Gabriel (Vitinho, 21' do 2º tempo).
Técnico: Abel Braga

Copa Libertadores **da América**

FASE DE GRUPOS (GRUPO D)

Peñarol-URU 0
Flamengo 0

Em rodada decisiva e lutando por uma vaga nas oitavas de final, Flamengo e Peñarol se enfrentaram no Uruguai. O jogo foi tenso do início ao fim: no primeiro tempo, o rubro-negro foi melhor, criou boas oportunidades, principalmente com o centroavante Gabriel, mas ficou no 0 x 0. Na etapa final, a situação do Fla se tornou mais complicada quando, aos 19 minutos, o lateral direito Pará foi expulso. Mas, mesmo com um a menos, o Mengão seguiu bem em campo e com muita garra segurou empate, garantindo a liderança do Grupo D e sua vaga para as oitavas de final.

8/5 • CAMPEÓN DEL SIGLO (MONTEVIDÉU-URUGUAI)

Árbitro: Roberto Tobar (Chile) | Renda não informada | Público pagante e presente não informado | **Cartões vermelhos:** Pará (Flamengo) 19' e Giovanni González (Peñarol) 50' do 2º tempo
PEÑAROL: Dawson, Giovanni González, Formiliano (Trindade, 35' do 2º tempo), Lema e Lucas Hernández; Guzmán Pereira, Gargano (Canobbio, 27' do 2º tempo) e Cristian Rodríguez; Darwin Núñez (Gabriel Fernández, intervalo), Viatri e Brian Rodríguez. **Técnico:** Diego López
FLAMENGO: César, Pará, Léo Duarte, Rodrigo Caio e Renê; Cuéllar, Willian Arão, Éverton Ribeiro e Arrascaeta (Vitinho, 30' do 2º tempo); Bruno Henrique (Rodinei, 24' do 2º tempo) e Gabriel (Diego, 37' do 2º tempo). **Técnico:** Abel Braga

©Alexandre Vidal / Flamengo

OITAVAS DE FINAL

Emelec-EQU **2**
Flamengo **0**

Com Jorge Jesus no comando do Flamengo pela primeira vez na Libertadores, o rubro-negro voltou ao Equador e acabou sendo derrotado de novo (já havia perdido para a LDU na fase de grupos). Mesmo tendo um domínio maior da partida, com 70% de posse de bola, mais finalizações (14 a 7) e ter um jogador a mais desde os oito minutos do segundo tempo, o time brasileiro não conseguiu um bom resultado diante do Emelec, em Guayaquil. Depois de sofrer um gol logo no início da partida, com Wilmer Godoy aos dez minutos de jogo, o Fla levou o segundo gol aos 33 minutos da etapa final. Para piorar, no lance que levou à expulsão, o meia Diego sofreu uma grave lesão no tornozelo esquerdo.

24/7 • GEORGE CAPWELL (GUAYAQUIL-EQUADOR)

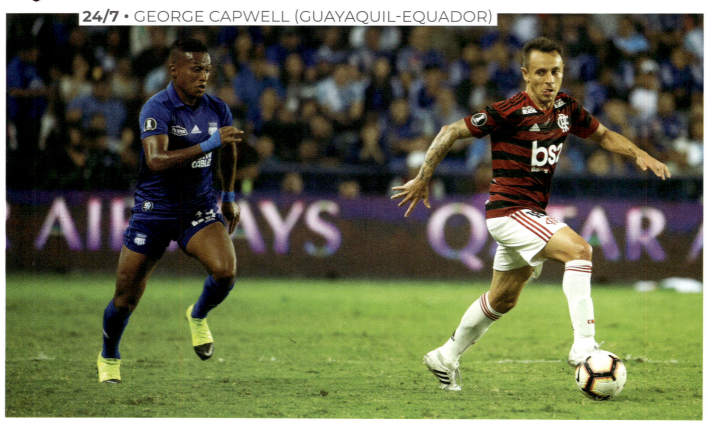

Árbitro: Fernando Rapallini (Argentina) | Renda não informada | Público pagante e presente não informado | **Gols:** Wilmer Godoy 10' do 1º tempo; Romario Caicedo 33' do 2º tempo | **Cartões amarelos:** Guerrero (Emelec); Willian Arão, Gerson, Léo Duarte e Bruno Henrique (Flamengo) | **Cartão vermelho:** Leandro Vega 8' do 2º tempo
EMELEC: Dreer, Romario Caicedo, Jordan Jaime, Leandro Vega e Óscar Bagüí; Dixon Arroyo, Nicolás Queiroz (Mejía, 11' do 2º tempo) e Wilmer Godoy; Guerrero (Carabalí, 35' do 2º tempo), Bryan Cabezas (Orejuela, 4' do 2º tempo) e Brayan Angulo. **Técnico:** Ismael Rescavo
FLAMENGO: Diego Alves, Rodinei (Lincoln, 12' do 2º tempo), Rodrigo Caio, Léo Duarte e Renê; Willian Arão (Cuéllar, 19' do 2º tempo), Gerson (Lucas Silva, 20' do 2º tempo), Rafinha e Diego; Bruno Henrique e Gabriel. **Técnico:** Jorge Jesus

Copa Libertadores **da América**

OITAVAS DE FINAL

Flamengo 2 (4)
Emelec-EQU 0 (2)

Precisando vencer por dois gols de diferença para levar a decisão aos pênaltis, o Flamengo contou com o apoio de mais de 67 mil torcedores no Maracanã. Em campo, o time entrou determinado e, em menos de vinte minutos, tirou a vantagem do Emelec. Aos dez minutos, Gabriel converteu um pênalti sofrido por Rafinha. Aos 18, Gabigol fez mais um, com assistência de Bruno Henrique. Depois disso, o Fla criou ainda grandes chances para marcar, mas o jogo terminou mesmo com o placar em 2 x 0 e foi para os pênaltis. Na disputa, quando o Flamengo vencia por 3 x 2, Diego Alves pegou a cobrança de Dixon Arroyo e depois viu o volante Queiróz carimbar o travessão. Vitória no sufoco e classificação garantida.

31/7 • MARACANÃ (RIO DE JANEIRO-RJ)

Árbitro: Néstor Pitana (Argentina) | **Renda:** R$3.992.811,76 | **Público:** 61.202 (pagantes); 67.664 (presentes) | **Gols:** Gabriel 10' e 19' do 1º tempo | **Pênaltis:** Flamengo 4 (Arrascaeta, Bruno Henrique, Renê e Rafinha) x 2 Emelec (Bryan Ângulo e Cortez / Dixon Arroyo [Diego Alves defendeu] e Queiróz perdeu) | **Cartões amarelos:** Bruno Henrique, Cuéllar e Willian Arão (Flamengo); Mejía, Dixon Arroyo, Joel Quintero e Guerrero (Emelec)
FLAMENGO: Diego Alves, Rafinha, Thuler, Pablo Marí e Renê; Cuéllar, Willian Arão, Gerson (Berrío, 38' do 2º tempo) e Éverton Ribeiro (Arrascaeta, 13' do 2º tempo); Bruno Henrique e Gabriel (Reinier, 26' do 2º tempo). **Técnico:** Jorge Jesus
EMELEC: Dreer, Caicedo, Jaime (Joel Quintero, 39' do 1º tempo), Mejía e Bagüí; Dixon Arroyo, Godoy (Cortez, 45' do 2º tempo), Queiróz e Cabezas; Guerrero (Carabalí, 18' do 2º tempo) e Bryan Angulo. **Técnico:** Ismael Rescavo

©Alexandre Vidal / Flamengo

QUARTAS DE FINAL

Flamengo 2
Internacional 0

21/8 • MARACANÃ (RIO DE JANEIRO-RJ)

Com uma grande atuação do atacante Bruno Henrique, convocado pelo técnico Tite para a seleção brasileira, o Flamengo venceu o Internacional por 2 x 0 no Maracanã e abriu uma boa vantagem no confronto. Com amplo domínio sobre o rival, o Mengão teve 67% de posse de bola e 604 passes, contra 294 do time gaúcho, mas só conseguiu marcar na parte final da partida. Aos trinta minutos do segundo tempo, Gerson encontrou um espaço e acionou Bruno Henrique, que bateu firme para o gol. Quatro minutos depois, após pressão rubro-negra, Gabriel deu um ótimo passe para Bruno Henrique, que passou pelo zagueiro Víctor Cuesta e tocou na saída de Marcelo Lomba.

Árbitro: Roberto Tobar (Chile) | **Renda:** R$4.758.998,75 | **Público:** 60.797 (pagantes); 66.366 (presentes) | **Gols:** Bruno Henrique 30' e 34' do 2º tempo | **Cartões amarelos:** Willian Arão e Rafinha (Flamengo); Guerrero e Patrick (Internacional)
FLAMENGO: Diego Alves, Rafinha, Rodrigo Caio, Pablo Marí e Filipe Luís; Cuéllar, Willian Arão, Éverton Ribeiro (Berrío, 45' do 2º tempo) e Arrascaeta (Gerson, intervalo); Bruno Henrique (Piris da Motta, 51' do 2º tempo) e Gabriel. **Técnico:** Jorge Jesus
INTERNACIONAL: Marcelo Lomba, Bruno, Rodrigo Moledo, Víctor Cuesta e Uendel; Rodrigo Lindoso, Edenílson (Guilherme Parede, 43' do 2º tempo), Patrick e D'Alessandro (Nico López, 23' do 2º tempo); Rafael Sóbis (Wellington Silva, 16' do 2º tempo) e Guerrero.
Técnico: Odair Hellmann

Copa Libertadores **da América**

QUARTAS DE FINAL

Internacional 1
Flamengo 1

Diante de quase cinquenta mil pessoas no Beira-Rio, o Flamengo entrou em campo com sua característica postura ofensiva e praticamente não deu chances ao Inter no primeiro tempo. Gabriel ficou duas vezes cara a cara com o goleiro Marcelo Lomba, que acabou salvando o time gaúcho. Na segunda etapa, o Inter voltou melhor e abriu o placar com Rodrigo Lindoso, de cabeça, aos 16 minutos. Ainda em vantagem, o Flamengo não se assustou e, no final da partida, buscou o empate. Aos 39 minutos, Bruno Henrique deu um ótimo passe para Gabigol, que dessa vez não perdoou, fechando o placar em 1 x 1. Festa rubro-negra em Porto Alegre e classificação garantida para a semifinal.

28/8 • BEIRA-RIO (PORTO ALEGRE-RS)

©Alexandre Vidal / Flamengo

Árbitro: Patricio Loustau (Argentina) | **Renda:** R$2.685.145,00 | **Público:** 46.191 (pagantes) / 49.614 (presentes) | **Gols:** Rodrigo Lindoso 16' e Gabriel 39' do 2º tempo | **Cartões amarelos:** Rafael Sóbis, D'Alessandro, Víctor Cuesta, Rodrigo Lindoso, Marcelo Lomba e Edenílson (Internacional); Cuéllar, Diego Alves e Filipe Luís (Flamengo)
INTERNACIONAL: Marcelo Lomba, Bruno, Rodrigo Moledo, Víctor Cuesta (Sarrafiore, 38' do 2º tempo) e Uendel (Wellington Silva, 10' do 2º tempo); Rodrigo Lindoso, Edenilson, Patrick e D'Alessandro; Rafael Sóbis (Nico López, 5' do 2º tempo) e Guerrero. **Técnico:** Odair Hellmann
FLAMENGO: Diego Alves, Rafinha, Rodrigo Caio, Pablo Marí e Filipe Luís (Renê, 49' do 2º tempo); Cuéllar (Piris da Motta, 29' do 2º tempo), Gerson, Éverton Ribeiro (Berrío, 36' do 2º tempo) e Arrascaeta; Bruno Henrique e Gabriel. **Técnico:** Jorge Jesus

SEMIFINAL

Grêmio 1
Flamengo 1

Campeão da Libertadores em 2017, o Grêmio foi o rival do Flamengo na semifinal de 2019. Sob o comando de Renato Gaúcho – que às vésperas da partida criou uma polêmica ao falar que seu time jogava o melhor futebol do país –, o tricolor gaúcho viu o rubro-negro dominar o confronto. Seguindo com sua postura ofensiva, o Mengão praticamente amassou o rival no primeiro tempo, tendo quatro grandes chances de abrir o placar. Na etapa final, o Flamengo continuou melhor e fez 1 x 0 com Bruno Henrique, de cabeça, após um cruzamento de Arrascaeta. Mas, no final do jogo, o time de Jorge Jesus penou e sofreu o gol de empate aos 43 minutos, após um rápido contra-ataque.

2/10 • ARENA DO GRÊMIO (PORTO ALEGRE-RS)

Árbitro: Néstor Pitana (Argentina) | **Renda:** R$5.130,325,00 | **Público:** 47.947 (pagantes); 51.406 (presentes) | **Gols:** Bruno Henrique 24' e Pepê 43' do 2º tempo | **Cartões amarelos:** Michel, Diego Tardelli e Kannemann (Grêmio); Rodrigo Caio (Flamengo)
GRÊMIO: Paulo Victor, Rafael Galhardo, David Braz, Kannemann e Bruno Cortez; Michel (Maicon, 37' do 2º tempo), Matheus Henrique, Alisson (Pepê, 37' do 2º tempo) e Luan; Éverton e Diego Tardelli (André, 33' do 2º tempo). **Técnico:** Renato Gaúcho
FLAMENGO: Diego Alves, Rafinha, Rodrigo Caio, Pablo Marí e Filipe Luís (Renê, 46' do 2º tempo); Willian Arão, Gerson (Piris da Motta, 28' do 2º tempo), Éverton Ribeiro e Arrascaeta; Bruno Henrique (Vitinho, 50' do 2º tempo) e Gabriel. **Técnico:** Jorge Jesus

Copa Libertadores **da América**

SEMIFINAL

Flamengo 5
Grêmio 0

Em uma de suas melhores exibições na temporada de 2019, a equipe do técnico Jorge Jesus atropelou o Grêmio. No Maracanã em clima de festa, o Flamengo começou a partida sem dar espaço ao time gaúcho e saiu na frente aos 42 minutos, quando Bruno Henrique pegou um rebote do goleiro Paulo Victor. Na volta do segundo tempo, o Flamengo impôs um ritmo impressionante e liquidou o rival. Logo no primeiro minuto, Gabigol pegou uma sobra de escanteio e fuzilou para fazer 2 x 0. Depois, aos 11 minutos, o camisa 9 marcou de pênalti, sofrido por Bruno Henrique. Em seguida, aos 22 e aos 26 minutos, os zagueiros Pablo Marí e Rodrigo Caio ampliaram, para desespero de Renato Gaúcho, que viu seu time levar um baile no Maracanã.

23/10 • MARACANÃ (RIO DE JANEIRO-RJ)

Alexandre Vidal / Flamengo

Marcelo Cortes / Flamengo

Árbitro: Patricio Loustau (Argentina) | **Renda:** R$8.150.645,00 | **Público:** 63.409 (pagantes); 69.981 (presentes) | **Gols:** Bruno Henrique 42' do 1º tempo; Gabriel 1' e 11', Pablo Marí 22' e Rodrigo Caio 26' do 2º tempo | **Cartões amarelos:** Rodrigo Caio (Flamengo); Kannemann e Éverton (Grêmio)
FLAMENGO: Diego Alves, Rafinha, Rodrigo Caio, Pablo Marí e Filipe Luís; Willian Arão, Gerson (Diego, 42' do 2º tempo), Éverton Ribeiro e Arrascaeta (Piris da Motta, 23' do 2º tempo); Bruno Henrique (Vitinho, 29' do 2º tempo) e Gabriel. **Técnico:** Jorge Jesus
GRÊMIO: Paulo Victor, Paulo Miranda, Geromel, Kannemann e Bruno Cortez; Michel, Matheus Henrique, Maicon (Diego Tardelli, 18' do 2º tempo) e Alisson (Thaciano, 31' do 2º tempo); Éverton; André (Pepê, 13' do 2º tempo). **Técnico:** Renato Gaúcho

FINAL

23/11 • MONUMENTAL DE LIMA (LIMA-PER)

Flamengo 2
River Plate-ARG 1

Campeão da Libertadores pela primeira vez em 1981, no dia 23 de novembro, em jogo contra o chileno Cobreloa, o Flamengo voltou à decisão curiosamente na mesma data, mas 38 anos depois, contra o difícil time do River Plate, campeão de 2018. Na primeira final disputada em jogo único na história da Libertadores, o rubro-negro entrou no estádio em Lima (Peru) com seu time completo, tomou a iniciativa logo no início, mas acabou surpreendido aos 14 minutos, quando o atacante Borré abriu o placar para o time argentino, num deslize da zaga brasileira. O gol mudou o panorama da partida no primeiro tempo, e o time comandado por Marcelo Gallardo conseguiu mais oportunidades de ataque. Na segunda etapa, o Flamengo impôs um ritmo mais forte e aos poucos foi tomando conta da partida. Aos 21 minutos, com Diego no lugar de Gerson, machucado, o Flamengo começou a pressionar, aproveitando o cansaço do time argentino. Mas foi apenas nos minutos finais, com muita garra e persistência, que o Mengão alcançou o resultado. Aos 43 minutos, Bruno Henrique acionou Arrascaeta pela esquerda, que cruzou na medida para Gabigol empatar. Pouco depois, aos 46 minutos, veio a virada. Diego pegou uma bola no meio de campo e lançou para o ataque. A zaga do River se atrapalhou e Gabigol aproveitou para bater firme e decretar a vitória histórica. Flamengo tornou-se bicampeão com uma dose de dramaticidade e emoção que jamais será esquecida.

Árbitro: Roberto Tobar (Chile) | **Renda:** não informada | **Público:** pagante e presente não informado | **Gols:** Borré 14' do 1º tempo; Gabriel 43' e 46' do 2º tempo | **Cartões amarelos:** Pablo Marí, Rafinha e Gabriel (Flamengo); Casco, Matías Suárez e Enzo Pérez (River Plate) | **Cartão vermelho:** Palacios (River Plate) 49' e Gabriel (Flamengo) 50' do 2º tempo
FLAMENGO: Diego Alves, Rafinha, Rodrigo Caio, Pablo Marí e Filipe Luís; Willian Arão (Vitinho, 41' do 2º tempo), Gerson (Diego, 21' do 2º tempo), Éverton Ribeiro e Arrascaeta (Piris da Motta, 49' do 2º tempo); Bruno Henrique e Gabriel. **Técnico:** Jorge Jesus
RIVER PLATE: Armani, Montiel, Lucas Martínez, Pinola e Casco (Paulo Díaz, 32' do 2º tempo); Enzo Pérez, Palacios, Ignacio Fernández (Julián Álvarez, 24' do 2º tempo) e De la Cruz; Matías Suárez e Borré (Lucas Pratto, 30' do 2º tempo).
Técnico: Marcelo Gallardo

Copa Libertadores **da América**

Alexandre Vidal / Flamengo

Copa Libertadores **da América**

Clever Felix / LDG News / Flamengo

Alexandre Vidal / Flamengo

Alexandre Vidal / Flamengo

Alexandre Vidal / Flamengo

Alexandre Vidal / Flamengo

Alexandre Vidal / Flamengo

Mundial de Clubes da Fifa

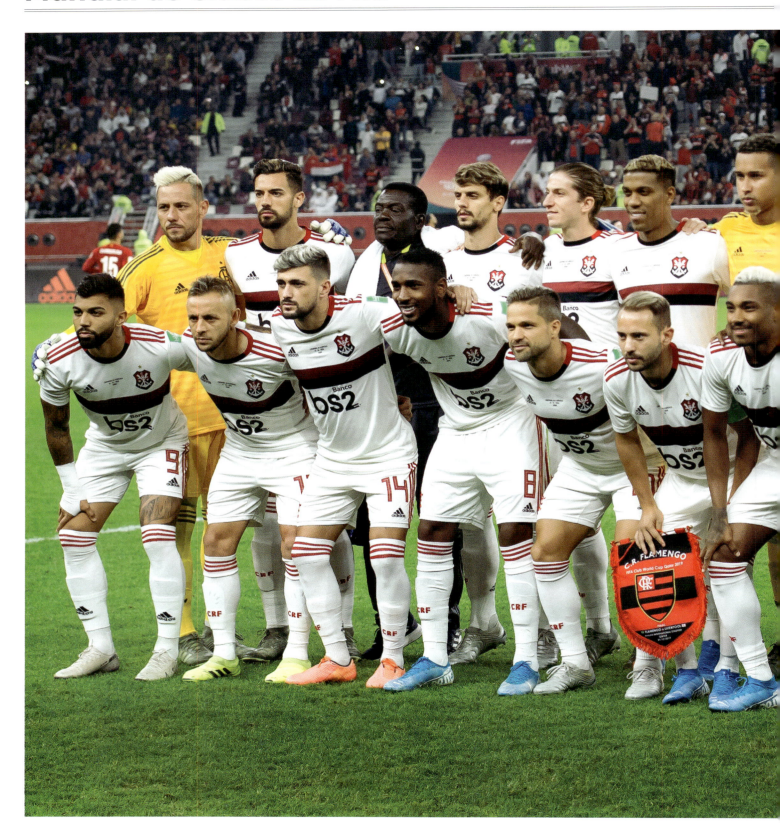

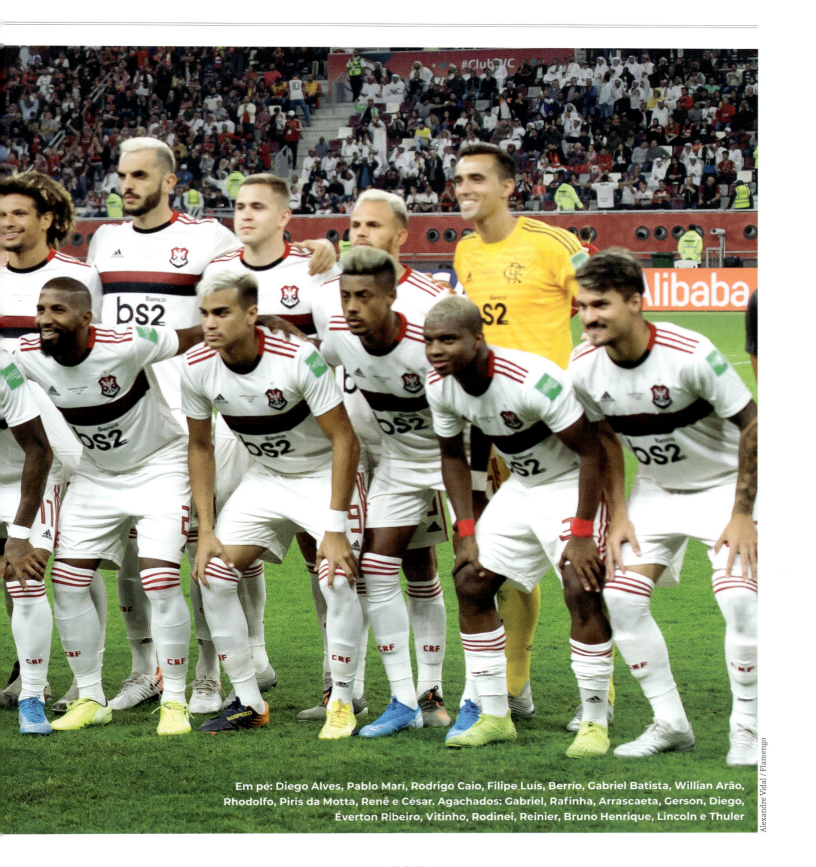

Em pé: Diego Alves, Pablo Marí, Rodrigo Caio, Filipe Luís, Berrío, Gabriel Batista, Willian Arão, Rhodolfo, Piris da Motta, Renê e César. Agachados: Gabriel, Rafinha, Arrascaeta, Gerson, Diego, Éverton Ribeiro, Vitinho, Rodinei, Reinier, Bruno Henrique, Lincoln e Thuler

SEMIFINAL

Flamengo 3
Al Hilal-ARA 1

18/12 • INTERNACIONAL KHALIFA (DOHA, CATAR)

Campeão do antigo Mundial Interclubes, em 1981, o Flamengo fez sua estreia no Mundial de Clubes da Fifa, que é disputado desde 2000, e enfrentou o saudita Al Hilal, campeão asiático de 2019. No primeiro tempo, o Mengão acabou surpreendido e saiu atrás com o gol de Salem, aos 18 minutos. Na volta do intervalo, porém, o Fla tomou conta do jogo e logo aos quatro minutos empatou, com gol de Arrascaeta, após bela jogada de Gabriel e Bruno Henrique, que deu um passe perfeito para o uruguaio. Depois, aos 33 minutos, Diego deu um ótimo passe para Rafinha, na lateral direita, que cruzou com precisão para Bruno Henrique, de cabeça, virar o jogo. Eleito o melhor jogador em campo, Bruno Henrique foi responsável ainda pela jogada que originou o terceiro gol, feito pelo zagueiro do Al Hilal contra sua equipe.

Árbitro: Ismail Elfath (Estados Unidos) | Renda não informada | **Público:** 21.588 (presentes) | **Gols:** Salem Aldawsari 18' do 1º tempo; Arrascaeta 4', Bruno Henrique 33' e Ali Albulayhi (contra) 37' do 2º tempo | **Cartões amarelos:** Bruno Henrique, Pablo Marí e Diego (Flamengo); Giovinco, Ali Albulayhi e Salem Aldawsari (Al Hilal) | **Cartão vermelho:** Andre Carrillo (Al Hilal) 38' do 2º tempo
FLAMENGO: Diego Alves, Rafinha, Rodrigo Caio, Pablo Marí e Filipe Luís; Willian Arão, Gerson (Diego, 29' do 2º tempo), Éverton Ribeiro e Arrascaeta (Piris da Motta, 48' do 2º tempo); Bruno Henrique (Vitinho, 44' do 2º tempo) e Gabriel. **Técnico:** Jorge Jesus.
AL HILAL: Abdullah Almuaiouf, Mohammed Alburayk, Jang Hyunsoo, Ali Albulayhi e Yasser Alshahrani; Cuéllar, Carlos Eduardo e Salem Aldawsari (Nawaf Al Abid, 37' do 2º tempo); Andre Carrillo, Giovinco (Omar Kharbin, 26' do 2º tempo) e Gomis (Abdullah Otayf, 47' do 2º tempo). **Técnico:** Razvan Lucescu

Mundial de **Clubes da Fifa**

©Alexandre Vidal / Flamengo

FINAL

21/12 • INTERNACIONAL KHALIFA (DOHA, CATAR)

Liverpool-ING 1
Flamengo 0

A reedição, após 38 anos, do Mundial entre Flamengo e Liverpool foi um jogo digno da grandeza dos dois gigantes do futebol. O jogo equilibrado aconteceu no estádio Khalifa, em Doha, e contou com uma maioria de torcedores rubro-negros. No primeiro tempo, o Flamengo levou um susto com menos de um minuto, quando Roberto Firmino bateu por cima do gol de Diego Alves. Na sequência, antes dos dez minutos, o campeão europeu ainda criou duas boas chances de marcar, com Mané e Alexander-Arnold. Porém, depois disso, o Mengão tomou conta do primeiro tempo, terminando com 58% de posse de bola e seis finalizações, contra três do time inglês. Bem organizado, o campeão da Libertadores teve duas chances com Bruno Henrique, que acabou travado na hora de bater. Rafinha e Rodrigo Caio foram também dois destaques na primeira etapa, ao realizar bons desarmes. Já no segundo tempo, o Liverpool começou novamente pressionando e mandou uma bola na trave com Roberto Firmino. Mas, como na etapa inicial, o Flamengo voltou a ter mais posse de bola e teve outras três boas oportunidades de gol com Gabigol. Uma aos sete minutos, quando bateu por cima, outra aos oito, quando bateu cruzado e Alisson defendeu, e mais uma aos 23 minutos, quando tentou uma meia bicicleta. Bruno Henrique, com seus dribles pela esquerda, seguiu como o jogador mais perigoso do Mengão. No último minuto, em momento dramático, o árbitro marcou um pênalti de Rafinha em Mané, mas voltou atrás com o auxílio do VAR. Na prorrogação, já sem Éverton Ribeiro e Arrascaeta, que saíram no final do segundo tempo, o Flamengo levou um gol aos nove minutos, feito pelo brasileiro Roberto Firmino. No finalzinho, o rubro-negro ainda teve uma oportunidade de empatar, com chute de Lincoln, mas a bola passou por cima do gol. Apesar da garra e do jogo mano a mano com o poderoso campeão europeu e líder invicto do campeonato inglês, o Flamengo perdeu por 1 x 0. Voltou ao Brasil, contudo, de cabeça erguida, encerrando um dos melhores anos de sua história.

Mundial de **Clubes da Fifa**

Árbitro: Abdulrahman Al Jassim (Catar) | Renda não informada | **Público:** 45.416 (presentes) | **Gols:** Roberto Firmino 9' do 1º tempo da prorrogação | **Cartões amarelos:** Mané, Salah, Roberto Firmino e Milner (Liverpool); Vitinho e Diego (Flamengo)
LIVERPOOL: Alisson, Alexander-Arnold, Joe Gomez e Robertson; Henderson, Keita (Milner, 10' do 1º tempo da prorrogação) e Oxlade-Chamberlain (Lallana, 30' do 2º tempo); Salah (Shaqiri, 14' do 2º tempo da prorrogação), Roberto Firmino (Origi, intervalo da prorrogação) e Mané. **Técnico:** Jürgen Klopp
FLAMENGO: Diego Alves, Rafinha, Rodrigo Caio, Pablo Marí e Filipe Luís; Willian Arão (Berrío, 14' do 2º tempo da prorrogação), Gerson (Lincoln, 11' do 1º tempo da prorrogação), Éverton Ribeiro (Diego, 36' do 2º tempo) e Arrascaeta (Vitinho, 31' do 2º tempo); Bruno Henrique e Gabriel. **Técnico:** Jorge Jesus

©Alexandre Vidal / Flamengo

OS JOGOS DA TEMPORADA 2019

1	E	10/1	Flamengo 2 (4) x (3) 2 Ajax-HOL	Florida Cup
2	V	12/1	Flamengo 1 x 0 Eintracht Frankfurt-ALE	Florida Cup
3	V	20/1	Flamengo 2 x 1 Bangu	Campeonato Carioca
4	E	23/1	Resende 1 x 1 Flamengo	Campeonato Carioca
5	V	26/1	Botafogo 1 x 2 Flamengo	Campeonato Carioca
6	V	29/1	Flamengo 3 x 1 Boavista	Campeonato Carioca
7	V	3/2	Flamengo 4 x 0 Cabofriense	Campeonato Carioca
8	D	14/2	Flamengo 0 x 1 Fluminense	Campeonato Carioca
9	V	24/2	Flamengo 4 x 1 Americano	Campeonato Carioca
10	V	28/2	Portuguesa 1 x 3 Flamengo	Campeonato Carioca
11	V	5/3	San José-BOL 0 x 1 Flamengo	Copa Libertadores da América
12	E	9/3	Vasco 1 x 1 Flamengo	Campeonato Carioca
13	V	13/3	Flamengo 3 x 1 LDU Quito-EQU	Copa Libertadores da América
14	E	16/3	Flamengo 0 x 0 Volta Redonda	Campeonato Carioca
15	V	19/3	Madureira 0 x 2 Flamengo	Campeonato Carioca
16	V	24/3	Flamengo 3 x 2 Fluminense	Campeonato Carioca
17	V	27/3	Fluminense 1 x 2 Flamengo	Campeonato Carioca
18	E	31/3	Vasco 1 (1) x (3) 1 Flamengo	Campeonato Carioca

Alexandre Vidal / Flamengo

19	D	3/4	Flamengo 0 x 1 Peñarol-URU	Copa Libertadores da América
20	E	6/4	Flamengo 1 x 1 Fluminense	Campeonato Carioca
21	V	11/4	Flamengo 6 x 1 San José-BOL	Copa Libertadores da América
22	V	14/4	Vasco 0 x 2 Flamengo	Campeonato Carioca
23	V	21/4	Flamengo 2 x 0 Vasco	Campeonato Carioca
24	D	24/4	LDU Quito-EQU 2 x 1 Flamengo	Copa Libertadores da América
25	V	27/4	Flamengo 3 x 1 Cruzeiro	Campeonato Brasileiro
26	D	1/5	Internacional 2 x 1 Flamengo	Campeonato Brasileiro
27	E	5/5	São Paulo 1 x 1 Flamengo	Campeonato Brasileiro

28	E	8/5	Peñarol-URU 0 x 0 Flamengo	Copa Libertadores da América
29	V	12/5	Flamengo 2 x 1 Chapecoense	Campeonato Brasileiro
30	V	15/5	Corinthians 0 x 1 Flamengo	Copa do Brasil
31	D	18/5	Atlético-MG 2 x 1 Flamengo	Campeonato Brasileiro
32	V	26/5	Flamengo 3 x 2 Athletico-PR	Campeonato Brasileiro
33	V	1/6	Flamengo 2 x 0 Fortaleza	Campeonato Brasileiro
34	V	4/6	Flamengo 1 x 0 Corinthians	Copa do Brasil
35	E	9/6	Fluminense 0 x 0 Flamengo	Campeonato Brasileiro
36	V	12/6	CSA 0 x 2 Flamengo	Campeonato Brasileiro
37	E	10/7	Athletico-PR 1 x 1 Flamengo	Copa do Brasil
38	V	14/7	Flamengo 6 x 1 Goiás	Campeonato Brasileiro
39	E	17/7	Flamengo 1 (1) x (3) 1 Athletico-PR	Copa do Brasil
40	E	21/7	Corinthians 1 x 1 Flamengo	Campeonato Brasileiro
41	D	24/7	Emelec-EQU 2 x 0 Flamengo	Copa Libertadores da América
42	V	28/7	Flamengo 3 x 2 Botafogo	Campeonato Brasileiro
43	V	31/7	Flamengo 2 (4) x (2) 0 Emelec-EQU	Copa Libertadores da América
44	D	4/8	Bahia 3 x 0 Flamengo	Campeonato Brasileiro
45	V	10/8	Flamengo 3 x 1 Grêmio	Campeonato Brasileiro
46	V	17/8	Vasco 1 x 4 Flamengo	Campeonato Brasileiro
47	V	21/8	Flamengo 2 x 0 Internacional	Copa Libertadores da América
48	V	25/8	Ceará 0 x 3 Flamengo	Campeonato Brasileiro
49	E	28/8	Internacional 1 x 1 Flamengo	Copa Libertadores da América
50	V	1/9	Flamengo 3 x 0 Palmeiras	Campeonato Brasileiro
51	V	7/9	Avaí 0 x 3 Flamengo	Campeonato Brasileiro
52	V	14/9	Flamengo 1 x 0 Santos	Campeonato Brasileiro
53	V	21/9	Cruzeiro 1 x 2 Flamengo	Campeonato Brasileiro
54	V	25/9	Flamengo 3 x 1 Internacional	Campeonato Brasileiro
55	E	28/9	Flamengo 0 x 0 São Paulo	Campeonato Brasileiro
56	E	2/10	Grêmio 1 x 1 Flamengo	Copa Libertadores da América
57	V	6/10	Chapecoense 0 x 1 Flamengo	Campeonato Brasileiro
58	V	10/10	Flamengo 3 x 1 Atlético-MG	Campeonato Brasileiro
59	V	13/10	Athletico-PR 0 x 2 Flamengo	Campeonato Brasileiro
60	V	16/10	Fortaleza 1 x 2 Flamengo	Campeonato Brasileiro
61	V	20/10	Flamengo 2 x 0 Fluminense	Campeonato Brasileiro
62	V	23/10	Flamengo 5 x 0 Grêmio	Copa Libertadores da América
63	V	27/10	Flamengo 1 x 0 CSA	Campeonato Brasileiro
64	E	31/10	Goiás 2 x 2 Flamengo	Campeonato Brasileiro
65	V	3/11	Flamengo 4 x 1 Corinthians	Campeonato Brasileiro
66	V	7/11	Botafogo 0 x 1 Flamengo	Campeonato Brasileiro
67	V	10/11	Flamengo 3 x 1 Bahia	Campeonato Brasileiro
68	E	13/11	Flamengo 4 x 4 Vasco	Campeonato Brasileiro
69	V	17/11	Grêmio 0 x 1 Flamengo	Campeonato Brasileiro
70	V	23/11	Flamengo 2 x 1 River Plate-ARG	Copa Libertadores da América
71	V	27/11	Flamengo 4 x 1 Ceará	Campeonato Brasileiro
72	V	1/12	Palmeiras 1 x 3 Flamengo	Campeonato Brasileiro
73	V	5/12	Flamengo 6 x 1 Avaí	Campeonato Brasileiro
74	D	8/12	Santos 4 x 0 Flamengo	Campeonato Brasileiro
75	V	18/12	Flamengo 3 x 1 Al Hilal-ARA	Mundial de Clubes
76	D	21/12	Liverpool-ING 1 x 0 Flamengo	Mundial de Clubes

OS JOGADORES DE 2019

J: Jogos • **G:** Gols • **A:** Assistências • **T:** Jogos como titular • **CA:** Cartões amarelos • **CV:** Cartões vermelhos

1

EM 2019	J	G	A	T	CA	CV
Florida Cup	1	-2	0	1	0	0
Campeonato Carioca	12	-9	0	12	1	0
Copa do Brasil	4	-2	0	4	0	0
Copa Libertadores	12	-10	0	0	2	0
Campeonato Brasileiro	32	-30	0	32	0	0
Mundial de Clubes	2	-2	0	2	0	0
TOTAL	63	-55	0	63	3	0

DIEGO ALVES

GOLEIRO
34 anos | 1,87m | 84kg
DIEGO ALVES CARREIRA
24/6/85 – Rio de Janeiro (RJ)
Clubes: Atlético-MG (05-07), Almería-ESP (07-11), Valencia-ESP (11-17) e Flamengo (desde 17)
Títulos: Copa Libertadores da América (19), Campeonato Brasileiro (19), Campeonato Carioca (19) pelo Flamengo; Campeonato Brasileiro da Série B (06) e Campeonato Mineiro (07)
Seleção Brasileira: 10 J | 2 G
Pelo Flamengo: 130 J | 0 G

Revelado pelo Atlético-MG em 2005, o goleiro Diego Alves conquistou a Série B do Brasileiro no ano seguinte e o Campeonato Mineiro de 2007, sendo então vendido ao Almería. Pelo clube espanhol, ganhou destaque com o recorde de minutos sem sofrer gol (618) no campeonato nacional logo nos primeiros jogos. Em 2008, foi reserva da seleção brasileira que ganhou o bronze em Pequim e, em 2011, conseguiu sua primeira chance na seleção principal. No mesmo ano, foi para o Valencia, também da Espanha, pelo qual disputou 175 jogos, tornando-se o segundo brasileiro com mais partidas pelo clube, atrás apenas do ex-atacante Waldo, que jogou 295. Na Espanha, Diego Alves recebeu o apelido de "Parapenaltis" depois de defender 25 cobranças, sendo 17 na liga nacional, um recorde na história. Contratado pelo Flamengo em 2017, o goleiro estreou pelo clube no dia 30 de julho, contra o Corinthians, no Brasileirão. Desde então, virou o titular do Fla. Goleiro de muita técnica e frieza, Diego continuou a mostrar sua habilidade em pegar pênaltis e pelo rubro-negro defendeu oito cobranças, sendo quatro em 2019. Duas delas na Libertadores (contra a LDU Quito, no Maracanã, na fase de grupos, e outra contra o Emelec, na disputa por pênaltis). No Brasileirão, defendeu mais dois, curiosamente no mesmo jogo, contra o Vasco, na goleada do Fla por 4 x 1. Seguro e um dos mais experientes do grupo, Diego Alves foi peça fundamental nas conquistas da Libertadores e do Brasileiro, tendo ganhado o prêmio Bola de Prata ESPN como o melhor da posição.

Os jogadores **de 2019**

Alexandre Vidal / Flamengo

13

EM 2019	J	G	A	T	CA	CV
Florida Cup	0	0	0	0	0	0
Campeonato Carioca	0	0	0	0	0	0
Copa do Brasil	1	0	0	1	0	0
Copa Libertadores	7	0	0	7	2	0
Campeonato Brasileiro	20	0	5	18	8	0
Mundial de Clubes	2	0	1	2	0	0
TOTAL	30	0	6	28	10	0

RAFINHA

LATERAL DIREITO
34 anos | 1,71m | 66kg
MÁRCIO RAFAEL FERREIRA DE SOUZA
7/9/85 – Londrina (PR)
Clubes: Coritiba (04-05), Schalke 04-ALE (05-10), Genoa-ITA (10-11), Bayern de Munique-ALE (11-19) e Flamengo (desde 19)
Títulos: Copa Libertadores da América (19), Campeonato Brasileiro (19), Campeonato Carioca (19) pelo Flamengo; Mundial de Clubes (13), Liga dos Campeões (13), Supercopa Europeia (13), Campeonato Alemão (13, 14, 15, 16, 17, 18 e 19), Copa da Alemanha (13, 14, 16 e 19) e Supercopa Alemã (16, 17 e 18)
Seleção Brasileira: 4 J | 0 G
Pelo Flamengo: 29 J | 0 G

Um dos laterais mais vitoriosos da história, Rafinha começou sua carreira aos 19 anos, em 2004, no Coritiba, quando foi promovido ao time principal pelo técnico Antônio Lopes. No ano seguinte, depois de 51 jogos, foi vendido ao Schalke 04, da Alemanha, entrando rapidamente para o time titular. Em 2010, foi vice-campeão alemão e, depois de 198 partidas, foi comprado pelo Genoa, da Itália. Pelo clube, disputou uma temporada, mas logo foi vendido ao Bayern de Munique, no início da temporada de 2011/12. Rafinha foi campeão da Liga dos Campeões e do Mundial de Clubes, e é o brasileiro que jogou mais partidas pelo Bayern, com 266 jogos. No total, foram 17 títulos pelo time, sendo o último deles o Alemão de 2019, pouco antes de chegar ao Flamengo. Pelo rubro-negro, fez sua estreia no dia 14 de julho, na goleada sobre o Goiás por 6 x 1, quando aplicou dois chapéus num mesmo lance. Lateral de boa técnica e bom passe, Rafinha logo se adaptou ao time, dando um toque de qualidade ao setor, principalmente pela precisão nos cruzamentos: foram dele os passes para o golaço de bicicleta de Arrascaeta e para o gol de cabeça de Bruno Henrique na semifinal do Mundial. Assim, o experiente jogador se destacou durante as conquistas do Brasileiro e da Libertadores e ainda no Mundial de Clubes. Em outubro, sofreu uma fratura em um osso do rosto e precisou, posteriormente, jogar com uma proteção na cabeça no restante da temporada. Foi eleito o melhor jogador do Brasileirão pela CBF e no prêmio Bola de Prata ESPN.

Os jogadores **de 2019**

Alexandre Vidal / Flamengo

EM 2019	J	G	A	T	CA	CV
Florida Cup	2	0	1	1	0	0
Campeonato Carioca	6	0	0	5	1	0
Copa do Brasil	2	0	0	1	1	0
Copa Libertadores	2	0	0	1	0	0
Campeonato Brasileiro	17	0	1	12	5	0
Mundial de Clubes	0	0	0	0	0	0
TOTAL	29	0	2	20	7	0

2

RODINEI

LATERAL DIREITO
27 anos | 1,75m | 70kg
RODINEI MARCELO DE ALMEIDA
29/1/92 – Tatuí (SP)
Clubes: Avaí (11), Marcílio Dias-SC (12), Corinthians (12-13), CRAC-GO (13), Penapolense-SP (14), Ponte Preta (14-15) e Flamengo (desde 16)
Títulos: Copa Libertadores da América (19), Campeonato Brasileiro (19) e Campeonato Carioca (17 e 19) pelo Flamengo; Paulista (13)
Pelo Flamengo: 160 J | 8 G

Contratado pelo Flamengo em 2016, depois de se destacar no Corinthians e na Ponte Preta, o lateral direito Rodinei é um dos jogadores do grupo de 2019 com mais partidas disputadas pelo clube (160), atrás apenas de Willian Arão, Éverton Ribeiro e Diego. É também um dos remanescentes do time campeão carioca de 2017. Dono da camisa 2, Rodinei travou uma disputa entre 2016 e o início de 2019 pela titularidade na equipe com o lateral Pará. Em 2017, marcou cinco gols em 41 jogos, mas foi em 2018 que mais atuou em uma só temporada, jogando cinquenta jogos, sendo 42 como titular. Já em 2019, foram 29 jogos, dos quais vinte como titular. Na Florida Cup, foi dele o passe para o gol de Jean Lucas na vitória sobre o Eintracht Frankfurt, resultando no título para o Mengão. Nessa temporada, Rodinei deu também uma assistência para Bruno Henrique no clássico contra o Fluminense, pela 27ª rodada do Campeonato Brasileiro. Lateral de força física e muita velocidade, Rodinei foi titular na vitória sobre o Emelec por 2 x 0, no Maracanã, na suada classificação para as quartas de final da Libertadores. Naquele jogo, Jorge Jesus deslocou Rafinha para o meio-campo. Na Libertadores, Rodinei ainda participou de outro jogo decisivo, dessa vez contra o Peñarol. Entrou no lugar de Bruno Henrique aos 24 minutos do segundo tempo, após a expulsão de Pará, e ajudou o rubro-negro a conquistar a classificação na fase de grupos.

Os jogadores de 2019

EM 2019	J	G	A	T	CA	CV
Florida Cup	0	0	0	0	0	0
Campeonato Carioca	0	0	0	0	0	0
Copa do Brasil	0	0	0	0	0	0
Copa Libertadores	0	0	0	0	0	0
Campeonato Brasileiro	6	0	0	2	1	0
Mundial de Clubes	0	0	0	0	0	0
TOTAL	6	0	0	2	1	0

Alexandre Vidal / Flamengo

32

JOÃO LUCAS
LATERAL DIREITO
21 anos | 1,81m | 72kg
JOÃO LUCAS DE ALMEIDA CARVALHO
9/3/98 – Belo Horizonte (MG)
Clubes: Goiás (17-18), Bangu (19) e Flamengo (desde 19)
Títulos: Campeonato Brasileiro (19) pelo Flamengo
Pelo Flamengo: 6 J | 0 G

Formado nas categorias de base do Villa Nova-MG e com passagem pelo time sub-20 do Goiás, o lateral direito João Lucas ganhou destaque no início de 2019, na disputa do Campeonato Estadual do Rio, quando ajudou o Bangu a chegar à semifinal da Taça Rio e também da competição. Pelo time carioca, disputou oito partidas, todas como titular e sob o comando do técnico Ado. Pouco depois da disputa, foi contratado pelo Flamengo com vínculo até o final de 2021. Desde então, esteve presente em seis jogos, sempre do Brasileirão, pelo rubro-negro. O primeiro foi contra o CSA, na vitória por 2 x 0, em Brasília, no dia 13 de junho. João Lucas entrou no lugar de Rodinei, por escolha de Marcelo Salles, que interinamente comandava o time. No dia 25 de agosto, ganhou sua primeira chance como titular, com Jorge Jesus, na vitória por 3 x 0 sobre o Ceará, em Fortaleza. Naquela partida, salvou uma bola em cima da linha, o que lhe rendeu muitos elogios. Depois disso, entrou em mais dois jogos – contra o Avaí (3 x 0) e o Athletico Paranaense (2 x 0) –, e voltou a ser titular contra o Fortaleza, na vitória por 2 x 1, no Castelão, no dia 17 de outubro. Já na última rodada, contra o Santos, na Vila Belmiro, o lateral entrou nos acréscimos, substituindo Rodinei. Pela Libertadores, o camisa 32 ficou no banco de reservas em algumas partidas (as duas contra o Emelec e depois contra Internacional e Grêmio, fora de casa), mas acabou não entrando.

3

RODRIGO CAIO

ZAGUEIRO
26 anos | 1,82m | 78kg
RODRIGO CAIO COQUETTE RUSSO
17/8/93 – Dracena (SP)
Clubes: São Paulo (11-18) e Flamengo (desde 19)
Títulos: Copa Libertadores da América (19), Campeonato Brasileiro (19) e Campeonato Carioca (19) pelo Flamengo; Copa Sul-Americana (12) e Jogos Olímpicos (16)
Seleção Brasileira: 4 J | 0 G
Pelo Flamengo: 61 J | 5 G

EM 2019	J	G	A	T	CA	CV
Florida Cup	2	0	0	1	1	0
Campeonato Carioca	13	1	0	13	0	0
Copa do Brasil	4	1	0	4	0	0
Copa Libertadores	12	1	0	12	3	0
Campeonato Brasileiro	29	2	0	28	4	0
Mundial de Clubes	2	0	0	2	0	0
TOTAL	**62**	**5**	**0**	**60**	**8**	**0**

Revelado nas categorias de base do São Paulo, o zagueiro Rodrigo Caio fez sua estreia no clube paulista com apenas 17 anos, em 2011. No ano seguinte, como reserva, foi campeão da Copa Sul-Americana. Titular do tricolor paulista entre 2013 e 2018, Rodrigo Caio chegou à seleção brasileira em 2016, ano em que foi campeão e medalha de ouro nos Jogos Olímpicos do Rio. Contratado pelo Flamengo no início de 2019, o jogador recebeu a camisa 3, se tornou titular da equipe e rapidamente caiu nas graças da torcida com seu futebol de técnica, eficiência e garra. Zagueiro de muita regularidade, Rodrigo Caio foi titular em 59 jogos na temporada, ficando atrás apenas de Diego Alves e Willian Arão, que disputaram 62 partidas cada. Bem no sistema defensivo, foi também figura importante em algumas jogadas de bola parada, principalmente nos lances aéreos. Autor de cinco gols na temporada, Rodrigo Caio anotou quatro de cabeça. O primeiro deles contra o Boavista, no Carioca. Depois, contra o Athletico-PR, no Brasileirão, quando marcou o gol da vitória, em uma virada de 3 x 2 aos cinquenta minutos do segundo tempo. Em seguida, fez também o gol da vitória e da classificação para as quartas de final da Copa do Brasil sobre o Corinthians, em jogo que terminou 1 x 0 no Maracanã. Depois, na goleada de 5 x 0 sobre o Grêmio, na semifinal da Libertadores, deixou novamente sua marca. Já contra o Goiás, no empate por 2 x 2 no Serra Dourada, aproveitou uma sobra para marcar de pé direito. Na final da Libertadores e nos dois jogos do Mundial de Clubes, Rodrigo Caio foi um dos grandes nomes da equipe. Foi eleito um dos melhores zagueiros do Carioca, pela FERJ, e do Brasileirão, pela CBF.

Os jogadores **de 2019**

EM 2019	J	G	A	T	CA	CV
Florida Cup	0	0	0	0	0	0
Campeonato Carioca	0	0	0	0	0	0
Copa do Brasil	0	0	0	0	0	0
Copa Libertadores	6	1	0	6	1	0
Campeonato Brasileiro	22	2	0	22	4	0
Mundial de Clubes	2	0	0	2	1	0
TOTAL	30	3	0	30	6	0

PABLO MARÍ

ZAGUEIRO
26 anos | 1,91m | 87kg
PABLO MARÍ VILLAR
31/8/93 – Valência (Espanha)
Clubes: Mallorca B-ESP (10-11 e 12), Mallorca-ESP (12), Nàstic-ESP (13-16), Girona-ESP (16-17), NAC Breda-HOL (17-18), La Coruña-ES (18-19) e Flamengo (desde 19)
Títulos: Copa Libertadores da América (19) e Campeonato Brasileiro (19) pelo Flamengo
Pelo Flamengo: 29 J | 3 G

Depois do goleiro Talladas, que atuou em 1937, e do atacante José Ufarte, conhecido como Espanhol e que jogou entre 1961 e 1964, o Flamengo voltou a contar com um atleta nascido em terras espanholas: o zagueiro Pablo Marí. Revelado pelo Mallorca em 2010, o jogador ficou no clube até 2013, quando se transferiu para o Nàstic, também da Espanha. Por lá, ficou até o fim da temporada de 2015/16, quando foi comprado pelo Manchester City, da Inglaterra, e já emprestado ao Girona, da Espanha. Na temporada de 2017/18, foi novamente emprestado pelo clube inglês e atuou pelo NAC Breda, da Holanda. Depois, na temporada de 2018/19, voltou ao futebol espanhol para jogar no La Coruña, onde foi titular em 36 dos 38 jogos que disputou. Com a chancela do técnico Jorge Jesus, Pablo Marí foi contratado em definitivo pelo Fla, rompendo seu vínculo com o Manchester City, pelo qual nunca atuou. No Mengão, recebeu a camisa 4 em sua chegada e pouco depois fez sua estreia, na vitória sobre o Botafogo, por 3 x 2, no dia 28 de julho. Marí logo se tornou titular da equipe. Ao lado de Rodrigo Caio, formou uma ótima dupla de zaga, que brilhou nas conquistas do Brasileirão e da Copa Libertadores. Na competição sul-americana, o jogador de 1,91m fez um gol de cabeça na goleada de 5 x 0 sobre o Grêmio, já na semifinal. No Brasileirão, anotou mais dois gols: um de cabeça contra o Avaí (3 x 0) e outro de pé direito contra o Ceará (3 x 0). Foi também eleito um dos melhores zagueiros do Brasileirão pela CBF.

Os jogadores **de 2019**

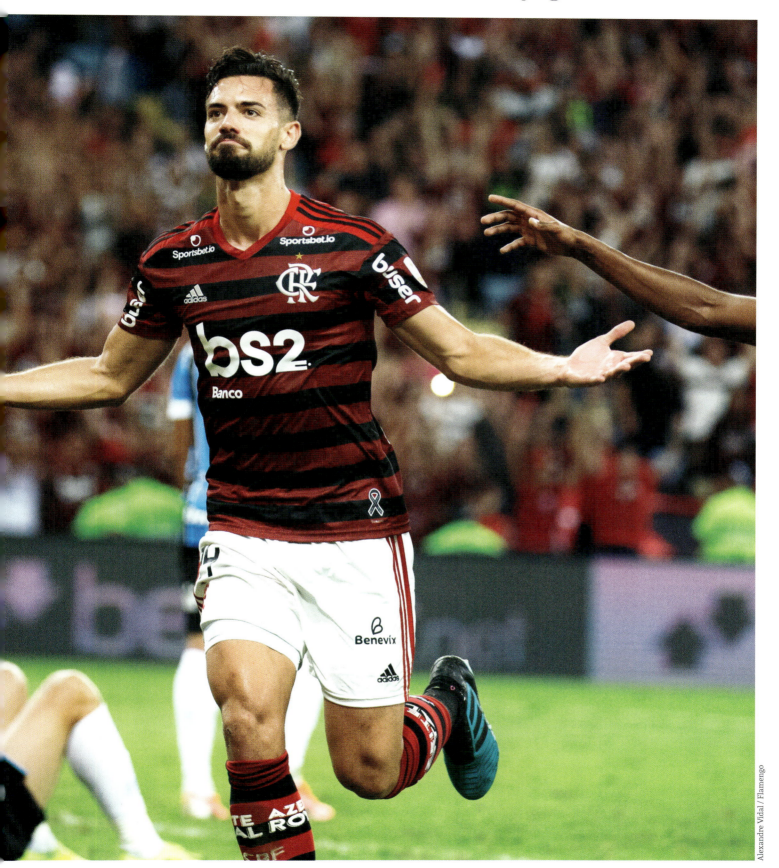

EM 2019	J	G	A	T	CA	CV
Florida Cup	0	0	0	0	0	0
Campeonato Carioca	3	0	0	3	2	0
Copa do Brasil	0	0	0	0	0	0
Copa Libertadores	1	0	0	1	0	0
Campeonato Brasileiro	13	0	0	10	2	0
Mundial de Clubes	0	0	0	0	0	0
TOTAL	17	0	0	14	4	0

26

THULER

ZAGUEIRO
20 anos | 1,85m | 79kg
MATHEUS SOARES THULER
10/3/99 – Rio de Janeiro (RJ)
Clube: Flamengo (desde 17)
Títulos: Copa Libertadores da América (19), Campeonato Brasileiro (19) e Campeonato Carioca (19) pelo Flamengo
Pelo Flamengo: 31 J | 1 G

Cria das categorias de base do Flamengo, o zagueiro Thuler subiu para o profissional do clube em 2017, quando fez sua estreia no dia 30 de agosto, aos 18 anos, no empate em 1 x 1 contra o Paraná Clube pela Primeira Liga. Em 2018, no início do Campeonato Carioca, foi titular em cinco partidas em que o time foi comandado pelo técnico Paulo César Carpegiani. No mesmo ano, ainda foi campeão do Estadual do Rio Sub-20. Depois, no Campeonato Brasileiro, fez mais sete jogos, sendo cinco como titular, e acabou marcando um gol, no empate contra o Palmeiras por 1 x 1 em São Paulo. Thuler foi convocado para a seleção brasileira sub-20 na disputa do Campeonato Sul-Americano da categoria em fevereiro (disputou dois jogos) e depois fez mais três partidas pelo Campeonato Carioca: contra o Vasco e o Volta Redonda, na primeira fase da Taça Rio, e contra o Vasco novamente, na decisão da Taça Rio, quando o Flamengo conquistou o título nos pênaltis. Na Libertadores, o jovem e alto zagueiro foi titular também num jogo importante, na vitória sobre o Emelec, no Maracanã, nas oitavas de final, substituindo Rodrigo Caio, que se machucou. Já no Brasileirão, participou de 13 jogos na campanha do título, sendo titular em dez. Foi um dos 23 jogadores relacionados para a disputa do Mundial de Clubes da Fifa, no Catar.

Os jogadores de 2019

EM 2019	J	G	A	T	CA	CV
Florida Cup	2	0	0	2	0	0
Campeonato Carioca	5	1	0	5	0	0
Copa do Brasil	0	0	0	0	0	0
Copa Libertadores	0	0	0	0	0	0
Campeonato Brasileiro	9	0	0	8	0	0
Mundial de Clubes	0	0	0	0	0	0
TOTAL	16	1	0	15	0	0

Alexandre Vidal / Flamengo

44

RHODOLFO

ZAGUEIRO
33 anos | 1,94m | 88kg
LUIZ RHODOLFO DINI GAIOTO
11/8/86 – Bandeirantes (PR)
Clubes: Athletico-PR (06-10), São Paulo (11-13), Grêmio (13-15), Besiktas-TUR (15-17) e Flamengo (desde 17)
Títulos: Copa Libertadores da América (19), Campeonato Brasileiro (19) e Campeonato Carioca (19) pelo Flamengo; Copa Sul-Americana (12) e Campeonato Turco (16 e 17)
Pelo Flamengo: 62 J | 4 G

Experiente zagueiro, Rhodolfo começou a carreira no Athletico Paranaense em 2006, quando tinha vinte anos. Comprado pelo São Paulo em 2011, conquistou a Copa Sul-Americana em 2012 e no ano seguinte foi para outro tricolor, ao acertar sua transferência para o Grêmio. No time gaúcho, jogou até 2015, quando foi comprado pelo Besiktas, da Turquia. Pelo clube, disputou duas temporadas e foi bicampeão turco. No segundo semestre de 2017, foi contratado pelo Flamengo e disputou 21 partidas, sendo vice-campeão da Copa Sul-Americana, ainda que tenha permanecido como reserva da dupla Réver e Juan. Em 2018, Rhodolfo disputou mais 23 partidas, sendo titular em 19 delas, e marcou três gols. Já na temporada de 2019, aos 33 anos, o jogador fez 16 partidas. No Campeonato Carioca, deu a primeira vitória ao time na virada sobre o Bangu por 2 x 1, quando marcou um gol de cabeça, aproveitando o cruzamento de Éverton Ribeiro. Já na decisão da Taça Rio, foi o capitão na vitória sobre o Vasco, nos pênaltis, e quem levantou o troféu para o Mengão. No Campeonato Brasileiro, Rhodolfo disputou mais nove jogos, sendo quatro na reta final da competição, contra o Grêmio, Ceará, Palmeiras e Avaí. Reserva na Libertadores, onde acabou não entrando em campo, o zagueiro foi um dos 23 relacionados pelo clube para a disputa do Mundial de Clubes da Fifa, no Catar.

EM 2019	J	G	A	T	CA	CV
Florida Cup	1	0	0	0	0	0
Campeonato Carioca	1	0	0	1	0	0
Copa do Brasil	0	0	0	0	0	0
Copa Libertadores	0	0	0	0	0	0
Campeonato Brasileiro	1	0	0	1	0	0
Mundial de Clubes	0	0	0	0	0	0
TOTAL	3	0	0	2	0	0

55

DANTAS

ZAGUEIRO
21 anos | 1,86m | 79kg
MATHEUS DE JESUS DANTAS
5/9/98 – Campo Grande (MS)
Clube: Flamengo (desde 18)
Títulos: Campeonato Brasileiro (19) e Campeonato Carioca (19) pelo Flamengo
Pelo Flamengo: 4 J | 0 G

Outro jogador revelado pelo Flamengo, Matheus Dantas ganhou destaque nas categorias de base depois de ser campeão da Copa São Paulo de Futebol Júnior, quando marcou um gol e atuou como capitão, e do Campeonato Carioca Sub-20 em 2018. No mesmo ano, o jovem subiu para o time profissional e fez sua estreia no Estadual do Rio, no dia 17 de janeiro, na vitória de 2 x 0 sobre o Volta Redonda. O time era então treinado por Paulo César Carpegiani. Pelo Brasileirão Sub-20, também em 2018, Matheus Dantas marcou quatro gols, sendo dois de falta. Na temporada de 2019, participou do jogo de estreia contra o Ajax, da Holanda, pela Florida Cup. Depois, foi titular contra o Resende no empate por 1 x 1 no Campeonato Carioca. Zagueiro de muita força física, Dantas ganhou mais uma oportunidade em 2019 durante o Campeonato Brasileiro, quando começou a partida contra o São Paulo, no Morumbi. Abel Braga era o treinador à época, e o jogo terminou em empate de 1 x 1. No Brasileirão, ficou ainda mais nove jogos no banco de reservas.

Os jogadores **de 2019**

EM 2019	J	G	A	T	CA	CV
Florida Cup	0	0	0	0	0	0
Campeonato Carioca	0	0	0	0	0	0
Copa do Brasil	0	0	0	0	0	0
Copa Libertadores	0	0	0	0	0	0
Campeonato Brasileiro	1	0	0	0	1	0
Mundial de Clubes	0	0	0	0	0	0
TOTAL	1	0	0	0	1	0

Alexandre Vidal / Flamengo

58

RAFAEL SANTOS

ZAGUEIRO
21 anos | 1,84m | 72kg
RAFAEL SANTOS DE SOUZA
2/2/98 – Guarujá (SP)
Clube: Flamengo (desde 17)
Título: Campeonato Brasileiro (19) pelo Flamengo
Pelo Flamengo: 1 J | 0 G

Com passagens pelas categorias de base do Santos e do Desportivo Brasil-SP, o zagueiro Rafael Santos chegou ao Ninho do Urubu em 2014 e começou a se destacar em 2016, quando fez parte do elenco campeão da Copa São Paulo de Futebol Júnior. Em 2017, voltou a disputar a competição, dessa vez como titular. Apelidado de Biriba pelos companheiros de base, Rafael Santos passou a treinar com os profissionais em 2017, ano em que foi ainda vice-campeão da Copa do Brasil Sub-20. Em 2018, foi campeão do Campeonato Carioca Sub-20 e disputou o Campeonato Brasileiro da mesma categoria, quando o Mengão chegou à semifinal. No início de 2019, foi uma das surpresas do técnico Abel Braga na relação dos inscritos para a disputa da Copa Libertadores, recebendo a camisa 15. A jovem revelação, porém, acabou não sendo utilizada durante a competição, mas ganhou sua primeira oportunidade no time profissional durante o Brasileirão. No dia 5 de maio, no empate em 1 x 1 no Morumbi, o zagueiro entrou no segundo tempo, substituindo Dantas. Depois disso, ficou no banco em mais três partidas: Chapecoense (2 x 1, no dia 12/5), Athletico-PR (2 x 0, no dia 13/10) e Fortaleza (2 x 1, no dia 17/10).

16

FILIPE LUÍS

LATERAL ESQUERDO
34 anos | 1,82m | 76kg
FILIPE LUÍS KASMIRSKI
9/8/85 – Jaraguá do Sul (SC)
Clubes: Figueirense (03-04), Ajax-HOL (04-05), Real Madrid B-ESP (05-06), La Coruña-ESP (06-10), Atlético de Madri-ESP (10-14 e 15-19), Chelsea-ING (14-15) e Flamengo (desde 19)
Títulos: Copa Libertadores da América (19) e Campeonato Brasileiro (19) pelo Flamengo; Liga Europa (12 e 18), Supercopa Europeia (12 e 18), Campeonato Espanhol (14), Copa do Rei da Espanha (13), Campeonato Inglês (15), Copa da Liga Inglesa (15), Catarinense (03 e 04), Copa das Confederações (13) e Copa América (19)
Seleção Brasileira: 44 J | 2 G
Pelo Flamengo: 22 J | 0 G

Titular da seleção brasileira na conquista da Copa América em julho de 2019, o lateral esquerdo Filipe Luís chegou ao Flamengo logo em seguida, depois de passar 15 temporadas no futebol europeu. Revelado pelo Figueirense em 2003, Filipe foi comprado pelo Ajax, da Holanda, em 2004, e atuou depois pelo Real Madrid B e La Coruña, antes de chegar ao Atlético de Madri, onde se destacou, ganhando títulos nacionais e internacionais: conquistou o campeonato espanhol, ganhou duas vezes a Liga Europa e foi duas vezes vice da Liga dos Campeões. Enquanto atuava pelo Atlético de Madri, o lateral foi escalado também para a seleção brasileira, pela qual jogou 44 partidas. O jogador, que foi ainda campeão inglês pelo Chelsea em 2015, tem na bagagem um título da Copa das Confederações (2013) com a seleção e uma disputa de Copa do Mundo (em 2018, na Rússia). Pelo Flamengo, Filipe Luís fez a sua estreia no dia 4 de agosto, contra o Bahia, durante o Brasileirão. Jogador de muita inteligência e muita força na marcação, o lateral conquistou o torcedor rubro-negro com a qualidade dos passes, a saída de bola e o apoio ao ataque. Aos 34 anos, ajudou muito o time também com sua experiência em campo, principalmente nos jogos internacionais – Libertadores e Mundial de Clubes. No Campeonato Brasileiro, foi eleito o melhor lateral esquerda no prêmio da CBF.

EM 2019	J	G	A	T	CA	CV
Florida Cup	0	0	0	0	0	0
Campeonato Carioca	0	0	0	0	0	0
Copa do Brasil	0	0	0	0	0	0
Copa Libertadores	5	0	0	5	1	0
Campeonato Brasileiro	16	0	0	15	2	0
Mundial de Clubes	2	0	0	2	0	0
TOTAL	23	0	0	22	3	0

Os jogadores **de 2019**

Alexandre Vidal / Flamengo

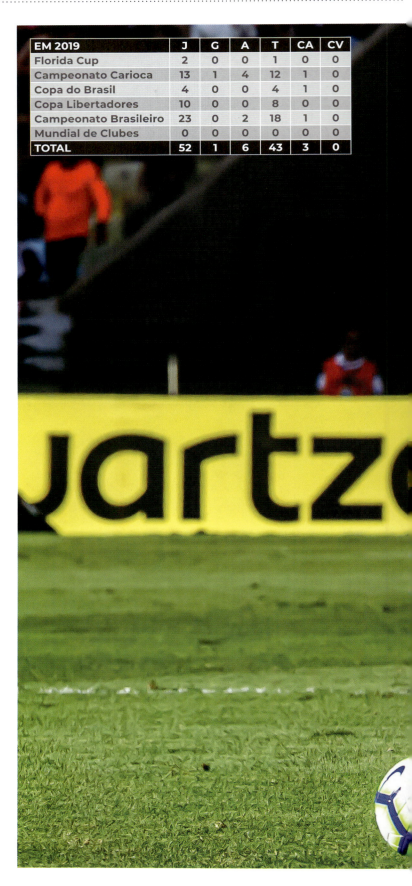

EM 2019	J	G	A	T	CA	CV
Florida Cup	2	0	0	1	0	0
Campeonato Carioca	13	1	4	12	1	0
Copa do Brasil	4	0	0	4	1	0
Copa Libertadores	10	0	0	8	0	0
Campeonato Brasileiro	23	0	2	18	1	0
Mundial de Clubes	0	0	0	0	0	0
TOTAL	52	1	6	43	3	0

RENÊ

LATERAL ESQUERDO
27 anos | 1,74m | 71kg
RENÊ RODRIGUES MARTINS
14/9/92 – Picos (PI)
Clubes: Picos-PI (11), Sport (12-16) e Flamengo (desde 17)
Títulos: Copa Libertadores da América (19), Campeonato Brasileiro (19) e Campeonato Carioca (17 e 19) pelo Flamengo; Copa do Nordeste (14) e Pernambucano (14 e 17)
Pelo Flamengo: 145 J | 4 G

Contratado pelo Flamengo em 2017, depois de ter atuado cinco anos pelo Sport Recife, o lateral esquerdo Renê fez sua estreia no clube no dia 16 de fevereiro, na vitória sobre o América-MG por 1 x 0 durante Primeira Liga. Desde então, ganhou o Carioca de 2017 e fez mais de cem jogos com a camisa 6 do Mengão, com importante atuação durante a temporada vitoriosa de 2019. Reserva do peruano Trauco em 2017, Renê ganhou espaço na equipe no ano seguinte, quando foi titular em todos os oito jogos da Libertadores e destaque do time na campanha do vice-campeonato brasileiro, tendo, inclusive, recebido o prêmio de melhor lateral esquerdo da Bola de Prata ESPN. Em 2019, começou o ano como titular, durante o Campeonato Estadual, e foi escolhido o melhor da posição na premiação da Federação Carioca. Na Copa Libertadores, Renê disputou dez das 13 partidas e foi titular em oito delas – todas da fase de grupos e as duas contra o Emelec nas oitavas de final. Contra o time equatoriano, aliás, converteu a terceira cobrança na disputa por pênaltis, em vitória que colocou o Flamengo nas quartas de final. Pelo Brasileirão, Renê esteve em campo em mais 23 jogos, sendo 18 como titular. Autor de um belo gol com um chute cruzado de fora da área, contra o Fluminense, na semifinal da Taça Rio, o lateral deu seis assistências na temporada, sendo quatro no Campeonato Carioca e mais duas no Brasileirão. Foi um dos 23 relacionados para a disputa do Mundial de Clubes da Fifa no Catar.

Os jogadores **de 2019**

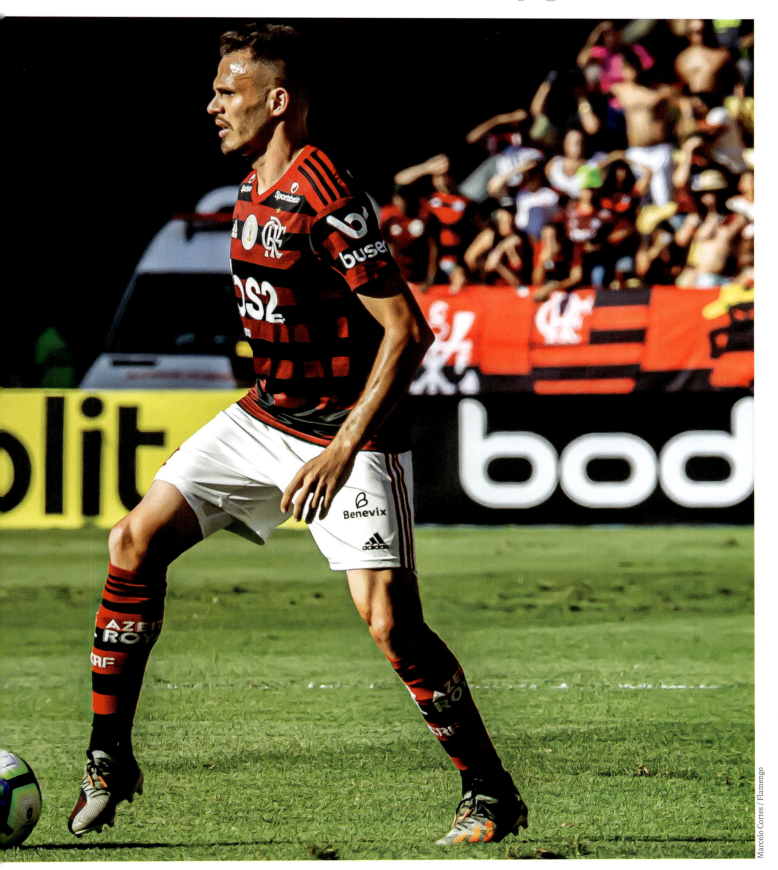

5

EM 2019	J	G	A	T	CA	CV
Florida Cup	2	0	0	1	0	0
Campeonato Carioca	12	2	1	12	3	0
Copa do Brasil	3	1	0	3	0	0
Copa Libertadores	12	0	1	12	4	0
Campeonato Brasileiro	35	2	6	33	3	0
Mundial de Clubes	2	0	0	2	0	0
TOTAL	66	5	8	63	10	0

WILLIAN ARÃO

VOLANTE
27 anos | 1,81m | 74kg
WILLIAN SOUZA ARÃO DA SILVA
12/3/92 – São Paulo (SP)
Clubes: Corinthians (12-13), Portuguesa (13), Chapecoense (14), Atlético-GO (14), Botafogo (15) e Flamengo (desde 16)
Títulos: Copa Libertadores da América (19), Campeonato Brasileiro (19) e Campeonato Carioca (17 e 19) pelo Flamengo; Mundial de Clubes (12), Copa Libertadores da América (12), Recopa Sul-Americana (13), Campeonato Paulista (13) e Campeonato Brasileiro da Série B (15)
Seleção Brasileira: 1 J | 0 G
Pelo Flamengo: 230 J | 24 G

Jogador com mais partidas disputadas pelo Flamengo no elenco atual (231 jogos) e que mais entrou em campo na temporada de 2019 (65 jogos), Willian Arão tornou-se um dos símbolos da equipe com a chegada de Jorge Jesus. Mesmo mais recuado, atuando como primeiro volante após a saída de Cuéllar, Arão contribuiu ofensivamente, com gols e assistências, e foi fundamental nas campanhas vencedoras da Libertadores e do Brasileirão. Foi por isso premiado como o melhor da posição no Bola de Prata ESPN, o que também acontecera em 2016. Revelado pelo Corinthians, onde ganhou a Libertadores de 2012 como reserva, Arão estreou no rubro-negro em 21 de janeiro de 2016. Desde então emplacou 24 gols, sendo cinco só em 2019. Um deles foi na final do Carioca, contra o Vasco, quando abriu o placar na vitória por 2 x 0 que deu o título ao rubro-negro. Outro importante gol que o volante marcou foi contra o seu ex-clube Corinthians, na vitória por 1 x 0, em São Paulo, quando se apresentou na área para receber um cruzamento e acertar um belo cabeceio. De bem com a torcida após suas grandes exibições, Arão, aos 27 anos, mostrou uma grande evolução na parte técnica. Contra o Bahia, na vitória por 3 x 1, marcou um gol contra, mas depois foi um dos melhores em campo, carregando o time rumo à virada. Participou inclusive do terceiro gol, quando carimbou o travessão numa cobrança de falta e Gabigol aproveitou o rebote para marcar. No ano, foi o quinto jogador com mais assistências (oito), sendo seis realizadas durante o Brasileirão.

Os jogadores **de 2019**

8

GERSON

VOLANTE
22 anos | 1,82m | 76kg
GERSON SANTOS DA SILVA
20/5/97 – Belford Roxo (RJ)
Clubes: Fluminense (14-16), Roma-ITA (16-18), Fiorentina-ITA (19) e Flamengo (desde 19)
Títulos: Copa Libertadores da América (19) e Campeonato Brasileiro (19) pelo Flamengo; Primeira Liga (16)
Pelo Flamengo: 35 J | 2 G

Revelado pelo Fluminense, mas rubro-negro de coração, Gerson caiu como uma luva no time de Jorge Jesus e virou um dos ídolos da torcida com seu futebol de muita classe e sua irreverente comemoração de gol. Comprado pela Roma em 2016 e depois emprestado para a Fiorentina, Gerson chegou ao Fla no segundo semestre de 2019 e atuou um pouco adiantado, como meia. Mas, quando passou a jogar de segundo volante, à frente de Willian Arão, seu futebol cresceu e logo ele se tornou peça fundamental no esquema do Mister, como é conhecido o treinador português. Bem na marcação e com uma ótima saída de bola, Gerson mostrou qualidade também nas jogadas ofensivas da equipe. "Gerson joga de terno!", diziam muitos torcedores empolgados com suas atuações. Autor de dois gols, o volante de apenas 22 anos virou referência ao comemorar um gol cruzando os braços em frente ao pescoço e depois cortando e executando o adversário, apelidando a brincadeira de "Vapo". Foi assim em seu primeiro gol, contra o Botafogo, na vitória por 3 x 2 no Brasileirão, depois na disputa por pênaltis contra o Emelec, pela Libertadores, e também contra seu ex-clube, o Fluminense, no returno do Brasileirão. Dono da camisa 8, Gerson impressionou com sua técnica refinada e acabou levando o prêmio de melhor volante do Brasileiro, tanto pela CBF, quanto pela Bola de Prata ESPN. Autor de quatro assistências na temporada, o menino de Belford Roxo fez história nos seus seis primeiros meses de Flamengo, atuando como veterano que há anos integra a equipe.

EM 2019	J	G	A	T	CA	CV
Florida Cup	0	0	0	0	0	0
Campeonato Carioca	0	0	0	0	0	0
Copa do Brasil	0	0	0	0	0	0
Copa Libertadores	7	0	1	6	1	0
Campeonato Brasileiro	27	2	3	23	3	0
Mundial de Clubes	2	0	0	2	0	0
TOTAL	36	2	4	31	4	0

Os jogadores **de 2019**

EM 2019	J	G	A	T	CA	CV
Florida Cup	2	0	0	1	1	0
Campeonato Carioca	6	0	0	4	1	0
Copa do Brasil	2	0	0	1	0	0
Copa Libertadores	5	0	0	0	0	0
Campeonato Brasileiro	26	0	0	13	4	0
Mundial de Clubes	1	0	0	0	0	0
TOTAL	42	0	0	19	6	0

25

PIRIS DA MOTTA

VOLANTE
25 anos | 1,80m | 74kg
ROBERT AYRTON PIRIS DA MOTTA MENDOZA
26/7/94 – Ciudad del Este (Paraguai)
Clubes: Rubio Ñú-PAR (11-15 e 16), Olimpia-PAR (15-16), San Lorenzo-ARG (16-18) e Flamengo (desde 18)
Títulos: Copa Libertadores da América (19), Campeonato Brasileiro (19) e Campeonato Carioca (19) pelo Flamengo; Campeonato Paraguaio – Clausura (15)
Seleção Paraguaia: 6 J | 0 G
Pelo Flamengo: 53 J | 0 G

O paraguaio Piris da Motta começou sua carreira no Rubio Ñú com apenas 15 anos de idade, quando foi revelado pelo ex-lateral direito Arce. O volante ainda passou pelo Olimpia antes de deixar seu país para atuar na Argentina. Lá jogou no San Lorenzo por dois anos. Contratado pelo Flamengo em 2018, Piris fez sua estreia no dia 12 de agosto, na vitória contra o Cruzeiro por 1 x 0, pelo Brasileirão, disputando mais dez partidas até o término da competição. Em 2019, mesmo sendo reserva durante toda a temporada, atuou bastante e participou de 42 partidas, sendo 19 como titular. Volante de contenção e muita força na marcação, Piris voltou a ser chamado para a seleção paraguaia em 2019 e virou substituto clássico de Jorge Jesus. Em muitas partidas, já nos minutos finais, o jogador de 25 anos entrava em campo para garantir, na maioria das vezes, a vitória, evitando que o time levasse sustos ou gols inesperados. Foi assim, por exemplo, na grande final da Libertadores, quando substituiu Arrascaeta, logo depois do gol da virada de Gabriel, e também na semifinal do Mundial de Clubes, contra o Al Hilal, quando também entrou no lugar de Arrascaeta nos acréscimos. Não à toa, o Flamengo perdeu apenas uma partida quando Piris da Motta esteve em campo: contra o Bahia, pela 13ª rodada do Brasileirão. Reserva imediato de Willian Arão, Pires da Motta fez um dos gols na disputa por pênaltis sobre o Ajax, da Holanda, pela Florida Cup.

Os jogadores **de 2019**

EM 2019	J	G	A	T	CA	CV
Florida Cup	0	0	0	0	0	0
Campeonato Carioca	1	0	0	0	1	0
Copa do Brasil	0	0	0	0	0	0
Copa Libertadores	0	0	0	0	0	0
Campeonato Brasileiro	3	0	0	0	0	0
Mundial de Clubes	0	0	0	0	0	0
TOTAL	4	0	0	0	1	0

15

VINÍCIUS SOUZA

VOLANTE
20 anos | 1,87m | 80kg
VINÍCIUS DE SOUZA COSTA
17/6/99 – Rio de Janeiro (RJ)
Clube: Flamengo (desde 19)
Títulos: Campeonato Brasileiro (19) e Campeonato Carioca (19) pelo Flamengo
Pelo Flamengo: 4 J | 0 G

Volante de 1,87m, Vinícius Souza, apelidado de Vinição, chegou ao Flamengo em 2014 para jogar no sub-15 e, desde então, conquistou títulos importantes na base do clube: Estadual pelo sub-17 e Copa São Paulo de Futebol Júnior em 2018. Estreou na equipe profissional na final da Taça Rio, contra o Vasco, entrando nos minutos finais do jogo que deu o título ao rubro-negro. Em seguida, voltou ao sub-20 para disputar o Brasileiro da categoria. Porém, com a saída de Cuéllar, vendido ao Al Hilal da Arábia Saudita, o técnico Jorge Jesus rapidamente pediu que o reintegrassem ao time profissional. O Flamengo seria posteriormente campeão do campeonato, mesmo sem o jovem craque. O Mister, aliás, rasgou elogios ao volante, não só por sua força física, mas pela visão de jogo e poder de marcação. Aos vinte anos, ele ganhou ainda três oportunidades de jogar no time do treinador português, entrando no final dos jogos contra o Atlético-MG e o CSA – ambos terminaram em vitória para o Mengão. Depois, entrou aos vinte minutos do segundo tempo na vitória sobre o Grêmio, em Porto Alegre, substituindo Diego. Na ocasião, Gabigol havia acabado de ser expulso e Vinícius ajudou o time a sair com os três pontos. Convocado para a seleção brasileira sub-20 para disputar o Torneio de Toulon, na França, em 2017, o habilidoso Vinícius Souza fechou a temporada de 2019 como uma das grandes promessas do rubro-negro para os próximos anos.

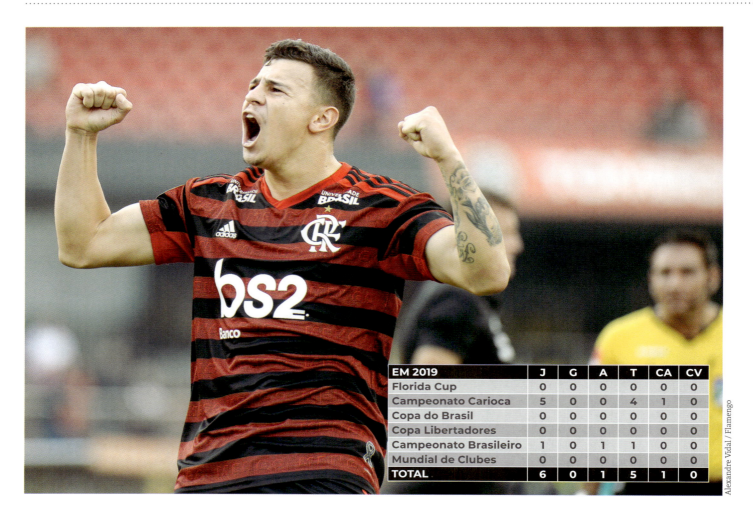

EM 2019	J	G	A	T	CA	CV
Florida Cup	0	0	0	0	0	0
Campeonato Carioca	5	0	0	4	1	0
Copa do Brasil	0	0	0	0	0	0
Copa Libertadores	0	0	0	0	0	0
Campeonato Brasileiro	1	0	1	1	0	0
Mundial de Clubes	0	0	0	0	0	0
TOTAL	6	0	1	5	1	0

17

HUGO MOURA

VOLANTE
21 anos | 1,77m | 73kg
HUGO MOURA ARRUDA DA SILVA
3/1/98 – Rio de Janeiro (RJ)
Clube: Flamengo (desde 18)
Títulos: Campeonato Brasileiro (19) e Campeonato Carioca (19) pelo Flamengo
Pelo Flamengo: 7 J | 0 G

Revelação da base rubro-negra, o volante Hugo Moura chegou ao clube aos 12 anos e ganhou destaque na conquista da Copa São Paulo de Futebol Júnior de 2018, quando foi o capitão da equipe, atuando com a camisa 5. No mesmo ano, foi campeão do Campeonato Carioca Sub-20, também como capitão, e fez sua estreia no time profissional. No dia 17 de janeiro, entrou na vitória sobre o Volta Redonda pelo Campeonato Carioca. Integrado de vez ao elenco profissional em 2019, o jogador disputou cinco partidas pelo Estadual do Rio, sendo quatro como titular. Uma delas foi a final da Taça Rio, quando o Mengão foi campeão em cima do Vasco, e Hugo atuou durante os noventa minutos. No Brasileirão, o volante foi titular em uma partida, no empate em 1 x 1 contra o São Paulo, no Morumbi, pela 3ª rodada. Depois disso, ficou no banco em 25 partidas da Série A e em oito da Copa Libertadores, na qual foi inscrito com a camisa 17. Jogador de forte marcação e bons passes, Hugo Moura renovou seu contrato com o Fla, estendendo o vínculo com o clube até dezembro de 2023.

Os jogadores **de 2019**

EM 2019	J	G	A	T	CA	CV
Florida Cup	0	0	0	0	0	0
Campeonato Carioca	0	0	0	0	0	0
Copa do Brasil	0	0	0	0	0	0
Copa Libertadores	1	0	0	0	0	0
Campeonato Brasileiro	14	6	2	8	1	0
Mundial de Clubes	0	0	0	0	0	0
Total	15	6	2	8	1	0

19

REINIER

MEIA
17 anos | 1,85m | 72kg
REINIER JESUS CARVALHO
19/1/02 – Brasília (DF)
Clube: Flamengo (desde 19)
Títulos: Copa Libertadores da América (19) e Campeonato Brasileiro (19) pelo Flamengo
Pelo Flamengo: 15 J | 6 G

Maior revelação do Flamengo na temporada, o meia Reinier, de apenas 17 anos, chegou ao clube aos 12. Filho de Mauro Brasília, campeão mundial de futsal com a seleção brasileira em 1985, o talentoso Reinier disputou o Sul-Americano Sub-15 de 2017. No ano seguinte, foi campeão da Copa do Brasil Sub-17, vestindo a camisa do Flamengo. No início da temporada de 2019, o meia disputou a Copa São Paulo, foi campeão carioca sub-20 e ainda o grande destaque da seleção brasileira no Sul-Americano Sub-17, usando a camisa 10 e marcando três gols. Inscrito na Libertadores com a camisa 19, Reinier passou então a fazer parte do elenco profissional e fez sua estreia na vitória por 2 x 0 contra o Emelec, no dia 31 de julho, no Maracanã, quando entrou no segundo tempo. Jogador de muita habilidade, velocidade e ótimo passe, o meia rapidamente ganhou espaço na equipe do técnico Jorge Jesus, impressionando também a torcida rubro-negra. No terceiro jogo, contra o Avaí (3 x 0, no dia 7 de setembro), Reinier marcou o seu primeiro gol pelo Mengão. Fez outro em cima do Atlético-MG (3 x 1) e depois se destacou com um gol importantíssimo na virada contra o Fortaleza (2 x 1 no Castelão), quando acertou um cabeceio aos 45 minutos do segundo tempo. Autor de um gol contra o Bahia (3 x 1), Reinier marcou mais dois novamente contra o Avaí, na penúltima rodada, na goleada de 6 x 1, quando entrou na segunda metade da partida. Titular em oito dos 14 jogos que fez no Brasileirão, a cria do Ninho do Urubu deu ainda duas assistências.

7

ÉVERTON RIBEIRO

MEIA
30 anos | 1,74 m | 67kg
ÉVERTON AUGUSTO DE BARROS RIBEIRO
10/4/89 – Arujá (SP)
Clubes: Corinthians (07-08 e 11), São Caetano-SP (08-10), Coritiba (11-12), Cruzeiro (13-14), Al-Ahli-EAU (15-17) e Flamengo (desde 17)
Títulos: Copa Libertadores da América (19), Campeonato Brasileiro (19) e Campeonato Carioca (19) pelo Flamengo; Campeonato Brasileiro (13 e 14), Campeonato Brasileiro da Série B (08), Campeonato Paranaense (12), Campeonato Mineiro (14), Campeonato dos Emirados Árabes (16), Supercopa dos Emirados Árabes (14 e 16) e Copa da Liga dos Emirados Árabes (17)
Seleção Brasileira: 6 J | 0 G
Pelo Flamengo: 161 J | 23 G

EM 2019	J	G	A	T	CA	CV
Florida Cup	2	0	1	1	0	0
Campeonato Carioca	12	1	4	11	4	0
Copa do Brasil	4	0	2	3	1	0
Copa Libertadores	12	3	2	11	0	0
Campeonato Brasileiro	32	2	7	27	3	0
Mundial de Clubes	2	0	0	2	0	0
TOTAL	**64**	**6**	**16**	**55**	**8**	**0**

Um dos maiores ídolos da torcida na atualidade, Éverton Ribeiro vem sendo um dos grandes nomes do Flamengo nos últimos anos. Revelado pelo Corinthians, quando era lateral esquerdo, o jogador teve passagens depois por São Caetano e Coritiba, até brilhar pelo Cruzeiro, quando foi bicampeão brasileiro em 2013 e 2014. Vendido no ano seguinte ao Al-Ahli, dos Emirados Árabes, voltou ao Brasil em 2017 para ser o camisa 7 do Mengão. Técnico e habilidoso, dono de passes precisos e dribles curtos, o meia se tornou uma espécie de motor da equipe em 2019, ao se destacar como o principal articulador de jogadas ofensivas. Incansável e com uma regularidade impressionante, o jogador fez uma temporada espetacular, sendo coroado como um dos melhores meias do Brasileirão pela CBF e eleito o craque do campeonato na votação popular. Ainda em 2019, entrou no time ideal da Federação Carioca no Campeonato Estadual. Autor de seis gols na temporada, Éverton anotou três deles na Libertadores: um contra a LDU Quito e dois na goleada de 6 x 1 sobre o San José. Além disso, se destacou nas assistências, totalizando 16 no ano, sendo sete no Brasileirão. Titular absoluto, o meia disputou 64 jogos e só ficou atrás de Arão em número de partidas na temporada (66). Capitão do time após a contusão de Diego, no fim de julho, Éverton foi um dos escolhidos para levantar as taças do Brasileirão e da Libertadores, ao lado do camisa 10 e do goleiro Diego Alves.

Os jogadores **de 2019**

10

DIEGO

MEIA
34 anos | 1,75m | 66kg
DIEGO RIBAS DA CUNHA
28/2/85 – Ribeirão Preto (SP)
Clubes: Santos (02-04), Porto-POR (04-06), Werder Bremen-ALE (06-09), Juventus-ITA (09-10), Wolfsburg-ALE (10-11 e 12-13), Atlético de Madri-ESP (11-12 e 14), Fenerbahçe-TUR (14-16) e Flamengo (desde 16)
Títulos: Copa Libertadores da América (19), Campeonato Brasileiro (19) e Campeonato Carioca (17 e 19) pelo Flamengo; Mundial Interclubes (04), Liga Europa (12), Campeonato Português (06), Copa de Portugal (06), Supercopa Portuguesa (04), Campeonato Alemão (09), Copa da Liga Alemã (07), Campeonato Espanhol (14), Campeonato Brasileiro (02 e 04) e Copa América (04 e 07)
Seleção Brasileira: 37 J | 4 G
Pelo Flamengo: 163 J | 39 G

EM 2019	J	G	A	T	CA	CV
Florida Cup	2	0	0	1	0	0
Campeonato Carioca	12	3	3	10	4	0
Copa do Brasil	4	0	0	2	0	0
Copa Libertadores	9	1	1	5	2	0
Campeonato Brasileiro	16	1	1	10	5	0
Mundial de Clubes	2	0	0	0	2	0
TOTAL	45	5	5	28	13	0

Campeão brasileiro em 2002 com apenas 17 anos, quando fez uma dupla sensacional com Robinho, o meia Diego teve uma carreira vitoriosa por 12 temporadas no futebol europeu, conquistando o Mundial Interclubes com o Porto-POR, o título alemão com o Werder Bremen e a Liga Europa com o Atlético de Madri, além de ter boas passagens também por Juventus, Wolfsburg e Fenerbahçe. Bicampeão da Copa América com a seleção brasileira em 2004 e 2007, o experiente jogador voltou ao Brasil em 2016 para defender o Flamengo e desde então assumiu a camisa 10, ganhando depois a faixa de capitão da equipe. Um dos principais nomes do time no vice-campeonato brasileiro de 2018, Diego começou a temporada de 2019 levando o Fla ao título Carioca, ao dar três assistências e marcar três gols – um deles de bicicleta contra a Cabofriense. Na Libertadores, acabou sofrendo uma dura entrada no tornozelo durante a partida contra o Emelec, no fim de julho, e precisou ficar três meses fora da equipe para se recuperar da fratura. Quando voltou ao time, na goleada sobre o Grêmio, na semifinal da competição, foi muito aplaudido pela torcida. Desde então, virou um reserva de luxo no esquema do técnico Jorge Jesus. Sua entrada na final da Libertadores foi fundamental para a virada, sendo dele o lançamento que originou o gol de Gabriel, que sacramentou a vitória.

Os jogadores **de 2019**

14

ARRASCAETA

MEIA
25 anos | 1,77m | 70kg
GIORGIAN DANIEL DE ARRASCAETA BENEDETTI
1/6/94 – Nuevo Berlín (Uruguai)
Clubes: Defensor-URU (13-14), Cruzeiro (15-18) e Flamengo (desde 19)
Títulos: Copa Libertadores da América (19), Campeonato Brasileiro (19) e Campeonato Carioca (19) pelo Flamengo; Copa do Brasil (17 e 18) e Campeonato Mineiro (18)
Seleção Uruguaia: 25 J | 3 G
Pelo Flamengo: 51 J | 18 G

EM 2019	J	G	A	T	CA	CV
Florida Cup	0	0	0	0	0	0
Campeonato Carioca	13	3	2	9	0	0
Copa do Brasil	3	0	0	3	0	0
Copa Libertadores	11	1	3	9	0	0
Campeonato Brasileiro	23	13	14	22	1	0
Mundial de Clubes	2	1	0	2	0	0
TOTAL	52	18	19	45	1	0

Maior contratação do Flamengo no início da temporada de 2019, o uruguaio Giorgian de Arrascaeta veio do Cruzeiro para se tornar um novo ídolo rubro-negro. Jogador de muita técnica, dribles curtos e grande visão de jogo, o meia-atacante é conhecido pela eficiência. De rápido raciocínio e muita inteligência em campo, Arrasca foi o líder em assistências do time na temporada, com vinte passes, e o terceiro maior artilheiro, com 18 gols. Formou, assim, com Gabriel e Bruno Henrique, um trio de ataque avassalador. Com a chegada do técnico Jorge Jesus, seu futebol cresceu ainda mais e ele mostrou ser mesmo diferenciado em campo, tendo atuações de gala, ora marcando, ora dando assistências. Contra o Goiás, na goleada de 6 x 1, marcou três gols e deu duas assistências. Contra o Ceará, fez uma linda bicicleta, atrás da marca do pênalti, acertando o ângulo do goleiro Diogo Silva. Esse foi um dos gols mais bonitos no futebol mundial de 2019. Também líder em assistências no Brasileirão, totalizando 14 jogadas, bateu o recorde pelo clube na era dos pontos corridos. Não surpreendentemente o uruguaio foi eleito o melhor meia, tanto pela CBF quanto no prêmio Bola de Prata ESPN. Na Libertadores, foi dele também o passe para o gol de empate, para Gabigol, na final contra o River Plate. No Mundial, Arrasca empatou o jogo no início do segundo tempo contra o Al Hilal.

Os jogadores **de 2019**

9

GABRIEL

ATACANTE
23 anos | 1,76m | 73kg
GABRIEL BARBOSA ALMEIDA
30/8/96 – São Bernardo do Campo (SP)
Clubes: Santos (13-16 e 18), Internazionale-ITA (17), Benfica-POR (17) e Flamengo (desde 19)
Títulos: Copa Libertadores da América (19), Campeonato Brasileiro (19) e Campeonato Carioca (19) pelo Flamengo; Campeonato Paulista (15 e 16) e Jogos Olímpicos (16)
Seleção Brasileira: 5 J | 2 G
Pelo Flamengo: 58 J | 43 G

EM 2019	J	G	A	T	CA	CV
Florida Cup	0	0	0	0	0	0
Campeonato Carioca	12	7	2	9	6	0
Copa do Brasil	4	2	0	4	2	0
Copa Libertadores	12	9	1	12	2	2
Campeonato Brasileiro	29	25	8	29	13	1
Mundial de Clubes	2	0	0	2	0	0
TOTAL	59	43	11	56	23	3

Artilheiro do Brasileirão de 2018, ao fazer 18 gols com a camisa do Santos, o centroavante Gabriel chegou ao Flamengo no início da temporada de 2019, emprestado pela Internazionale de Milão, e caiu como uma luva no setor ofensivo do rubro-negro. Autor de 43 gols no ano, foi novamente o artilheiro do Brasileiro, batendo um recorde no clube rubro-negro ao anotar 25 gols em uma única edição. Na Libertadores, foi também o artilheiro, com nove gols, e o grande herói na conquista sobre o River Plate, quando marcou os dois gols que deram a vitória de virada nos minutos finais da histórica partida em Lima. Jogador com mais gols em uma única temporada do Mengão no século XXI, Gabigol jogou pela seleção brasileira e foi um dos atletas mais badalados pela torcida. Aos 23 anos, o centroavante fez jus aos famosos cartazes nas arquibancadas que anunciavam "Hoje tem gol do Gabigol!". Ídolo da garotada, fez sucesso também com suas comemorações, de punho cerrado e braço levantado, para mostrar sua força. Autor de 11 assistências na temporada, o camisa 9 foi brilhante em grandes partidas no ano, como nas vitórias sobre o Emelec por 2 x 0, quando fez os dois gols, e sobre o Grêmio (5 x 0), pela Liberadores, fazendo novamente dois gols. Destacou-se ainda contra o Palmeiras, marcando dois dos três gols no Maracanã, e o Santos, quando marcou um golaço de fora da área, no jogo pelo Brasileirão. Contra o Goiás, na goleada de 6 x 1, marcou dois e deu três assistências. Foi eleito o melhor centroavante nos prêmios da CBF e Bola de Prata ESPN, além de receber a Bola de Ouro como melhor jogador da competição na premiação do canal televisivo.

Os jogadores **de 2019**

27

BRUNO HENRIQUE

ATACANTE
28 anos | 1,84m | 77kg
BRUNO HENRIQUE PINTO
30/12/90 – Belo Horizonte (MG)
Clubes: Cruzeiro (11 e 12), Uberlândia-MG (12 e 13-14), Itumbiara-GO (14), Goiás (15), Wolfsburg-ALE (15-16), Santos (17-18) e Flamengo (desde 19)
Títulos: Copa Libertadores da América (19), Campeonato Brasileiro (19) e Campeonato Carioca (19) pelo Flamengo; Campeonato Goiano (15)
Seleção Brasileira: 2 J | 0 G
Pelo Flamengo: 61 J | 35 G

EM 2019	J	G	A	T	CA	CV
Florida Cup	0	0	0	0	0	0
Campeonato Carioca	11	8	4	8	7	2
Copa do Brasil	3	0	1	3	0	0
Copa Libertadores	13	5	6	13	3	0
Campeonato Brasileiro	33	21	4	29	9	0
Mundial de Clubes	2	1	1	2	1	0
TOTAL	62	35	16	55	20	2

Eleito o melhor jogador da Libertadores, ganhador dos prêmios de melhor atacante pela Federação Carioca no Estadual e pela CBF, e na Bola de Prata ESPN no Brasileirão, o rápido e habilidoso Bruno Henrique foi decisivo e genial em 2019. Artilheiro do Campeonato Carioca com oito gols, o jogador mostrou um entrosamento perfeito com Gabigol, seu ex-companheiro no Santos, e o uruguaio Arrascaeta no ataque rubro-negro. Em grande fase técnica e física desde o início da temporada, o camisa 27 foi o vice-artilheiro do Brasileirão com 21 gols e acabou o campeonato como um dos maiores dribladores. Bruno Henrique é um dos símbolos do Flamengo da era Jorge Jesus e demonstra uma garra incansável em busca do gol e da vitória. Foi convocado para a seleção brasileira e teve participações decisivas no Fla, como em sua estreia, quando fez dois gols na vitória contra o Cruzeiro, e contra o Athletico-PR, num jogo que quebrou o jejum de 45 anos sem vitória em Curitiba, pelo Campeonato Brasileiro. Na ocasião, Bruno Henrique também marcou dois gols. Já contra o Corinthians, na goleada de 4 x 1, foi o autor de três gols. Marcou ainda dois contra o Vasco, no jogo que terminou em 4 x 4, chegando aos 11 gols em 13 clássicos disputados no ano, mostrando ser o carrasco dos rivais. No Mundial de Clubes, contra o Al-Hilal, deu o passe para o gol de empate de Arrascaeta, depois marcou o da virada e ainda participou da jogada do terceiro gol. Após a boa atuação contra o Liverpool, levou o prêmio de segundo melhor do Mundial, atrás do egípcio Mohamed Salah.

Os jogadores **de 2019**

11

VITINHO

ATACANTE
26 anos | 1,80m | 74kg
VICTOR VINÍCIUS COELHO DOS SANTOS
9/10/93 – Rio de Janeiro (RJ)
Clubes: Botafogo (11-13), CSKA Moscou-RUS (13-14 e 16-18), Internacional (15-16) e Flamengo (desde 18)
Títulos: Copa Libertadores da América (19), Campeonato Brasileiro (19) e Campeonato Carioca (19) pelo Flamengo; Campeonato Russo (14), Supercopa Russa (14 e 18), Campeonato Gaúcho (15 e 16) e Campeonato Carioca (13)
Pelo Flamengo: 81 J | 12 G

EM 2019	J	G	A	T	CA	CV
Florida Cup	2	0	0	1	0	0
Campeonato Carioca	13	3	0	7	3	0
Copa do Brasil	4	0	0	1	0	0
Copa Libertadores	8	1	1	0	0	0
Campeonato Brasileiro	25	5	3	12	3	0
Mundial de Clubes	2	0	0	0	1	0
TOTAL	54	9	4	21	7	0

Revelado pelo Botafogo e com passagens pelo CSKA Moscou, da Rússia, e Internacional de Porto Alegre, o atacante Vitinho chegou ao Flamengo no segundo semestre de 2018 e fez sua estreia no dia 1º de agosto, no empate por 1 x 1 contra o Grêmio pela Copa do Brasil. Em sua primeira temporada, o atacante participou de 26 jogos, marcando quatro gols, sendo um dos destaques do time vice-campeão brasileiro. Em 2019, já com a camisa 11, Vitinho foi importante na campanha do título Carioca, marcando inclusive um gol na final contra o Vasco, na vitória por 2 x 0 no Maracanã. Atacante veloz e de boa técnica, Vitinho foi um dos jogadores mais utilizados nas partidas do Brasileiro e da Libertadores, considerando os não titulares da equipe de Jorge Jesus. Na competição sul-americana, entrou em oito dos 13 jogos, marcando um gol – contra o San José, na goleada de 6 x 1 no Maracanã. Pelo Brasileirão, disputou 25 partidas, deu três assistências e fez cinco gols, com destaque para um contra o Corinthians, na goleada de 4 x 1, quando acertou uma bomba de fora da área. Contra o Atlético-MG, na vitória por 3 x 1, o atacante fez também um gol e deu duas assistências, tornando-se o nome da partida. Nas semifinais da Libertadores, na final contra o River e na semifinal do Mundial, Vitinho entrou nos minutos finais, sempre como uma das apostas do técnico Jorge Jesus para dar velocidade e ofensividade ao time.

Os jogadores **de 2019**

Alexandre Vidal / Flamengo

EM 2019	J	G	A	T	CA	CV
Florida Cup	1	0	0	0	0	0
Campeonato Carioca	2	0	1	0	1	0
Copa do Brasil	2	0	0	0	0	0
Copa Libertadores	3	0	0	0	0	0
Campeonato Brasileiro	16	1	2	4	3	1
Mundial de Clubes	1	0	0	0	0	0
TOTAL	25	1	3	4	4	1

28

BERRÍO

ATACANTE
28 anos | 1,88m | 80kg
ORLANDO ENRIQUE BERRÍO MELÉNDEZ
14/2/91 – Cartagena (Colômbia)
Clubes: Atlético Nacional-COL (09-11, 13 e 14-16), Millonarios-COL (12), Patriotas-COL (12 e 13) e Flamengo (desde 17)
Títulos: Copa Libertadores da América (19), Campeonato Brasileiro (19) e Campeonato Carioca (17 e 19) pelo Flamengo; Copa Libertadores da América (16), Campeonato Colombiano – Finalización (13 e 15), Campeonato Colombiano – Apertura (14) e Copa da Colômbia (16)
Seleção Colombiana: 6 J | 0 G
Pelo Flamengo: 79 J | 7 G

Campeão da Copa Libertadores de 2016 pelo Atlético Nacional de Medellín-COL, o atacante Orlando Berrío chegou ao Flamengo no início de 2017 e fez seu primeiro jogo pelo clube no dia 8 de fevereiro, contra o Grêmio, na vitória por 2 x 0 pela Primeira Liga. Jogador de muita velocidade e força física, o colombiano foi campeão carioca invicto em 2017, sendo titular nas finais contra o Fluminense. No mesmo ano, foi também vice-campeão da Copa Sul-Americana, terminando o ano com 46 jogos disputados e seis gols marcados. Em 2018, Berrío acabou sendo pouco utilizado e entrou em campo apenas nove vezes, nenhuma como titular, durante a campanha do vice-campeonato brasileiro. Já em 2019, foi para a disputa da Florida Cup no início da temporada e depois ganhou o Campeonato Carioca, tendo atuado duas vezes. No Brasileirão, entrou em campo em 16 jogos e foi titular em quatro deles: contra o São Paulo (1 x 1), a Chapecoense (2 x 1), o Grêmio (3 x 1) e o Ceará (3 x 0). Contra o São Paulo, fez o gol do empate no Morumbi. Já pela Copa Libertadores, o atacante entrou em três jogos: contra o Emelec (2 x 0 no Maracanã) e contra o Internacional, nas duas partidas das quartas de final, quando entrou nos minutos finais. Terminou o ano como um dos 23 inscritos pelo Mengão para a disputa do Mundial de Clubes da Fifa no Catar.

Os jogadores de 2019

EM 2019	J	G	A	T	CA	CV
Florida Cup	0	0	0	0	0	0
Campeonato Carioca	2	0	0	0	0	0
Copa do Brasil	2	0	0	1	0	0
Copa Libertadores	1	0	0	0	0	0
Campeonato Brasileiro	11	3	2	4	1	0
Mundial de Clubes	1	0	0	0	0	0
TOTAL	17	3	2	5	1	0

29

LINCOLN

ATACANTE
19 anos | 1,75m | 72kg
LINCOLN CORRÊA DOS SANTOS
16/12/00 – Serra (ES)
Clube: Flamengo (desde 17)
Títulos: Copa Libertadores da América (19), Campeonato Brasileiro (19) e Campeonato Carioca (17 e 19) pelo Flamengo
Pelo Flamengo: 43 J | 5 G

Campeão do Sul-Americano Sub-17 e terceiro colocado no Mundial Sub-17 com a seleção brasileira em 2017, o centroavante Lincoln subiu para o profissional do Flamengo no mesmo ano e fez sua estreia vencendo o Corinthians por 3 x 0, no Ninho do Urubu, no dia 19 de novembro. Promovido pelo técnico Reinaldo Rueda, o atleta de 16 anos chegou a entrar em campo também na final da Copa Sul-Americana, no Maracanã, no empate por 1 x 1 contra o Independiente. Em 2018, a jovem promessa ganhou mais experiência, disputou quatro jogos pela Libertadores, nove no Brasileirão e três na Copa do Brasil. Durante esta última, inclusive, ficou lembrado pelo gol que fez no Grêmio, aos 49 minutos do segundo tempo, e que conquistou o empate de 1 x 1, em Porto Alegre, no jogo de ida das quartas de final. Já na temporada de 2019, Lincoln começou o ano disputando o Sul-Americano Sub-20 com a seleção brasileira e fechou com 16 partidas jogadas, sendo cinco delas como titular do Flamengo. No Campeonato Carioca, entrou em campo nos dois jogos da final contra o Vasco. Na Copa do Brasil, foi titular contra o Athletico-PR, no jogo de volta das quartas de final. Já no Brasileirão, começou as partidas contra o São Paulo (1 x 1), a Chapecoense (1 x 0), o Botafogo (3 x 2) e o Avaí (6 x 1). Mas seu jogo de destaque foi o do segundo turno contra o Botafogo, no Engenhão, quando fez o gol da vitória por 1 x 0 aos 44 minutos do segundo tempo. Aos 19 anos, entrou na final do Mundial de Clubes contra o Liverpool, chegando perto de marcar um gol nos últimos minutos da prorrogação.

Alexandre Vidal / Flamengo

EM 2019	J	G	A	T	CA	CV
Florida Cup	0	0	0	0	0	0
Campeonato Carioca	5	0	0	2	0	0
Copa do Brasil	0	0	0	0	0	0
Copa Libertadores	2	0	0	0	0	0
Campeonato Brasileiro	9	0	0	3	0	0
Mundial de Clubes	0	0	0	0	0	0
TOTAL	16	0	0	5	0	0

23

LUCAS SILVA

ATACANTE
21 anos | 1,76m | 66kg
LUCAS DA SILVA DE JESUS
31/1/98, Rio de Janeiro (RJ)
Clube: Flamengo (desde 18)
Títulos: Copa Libertadores da América (19), Campeonato Brasileiro (19) e Campeonato Carioca (19) pelo Flamengo
Pelo Flamengo: 18 J | 1 G

Campeão da Copa São Paulo de Futebol Júnior e do Campeonato Carioca Sub-20 em 2018, o atacante Lucas Silva estreou no time profissional do Flamengo no dia 17 de janeiro daquele ano e marcou seu primeiro gol na vitória por 2 x 0 sobre o Volta Redonda, pelo Campeonato Carioca. Em 2019, a revelação do Ninho do Urubu, então com 21 gols, ganhou mais oportunidades no time principal, depois de se recuperar de uma lesão no tornozelo que o afastou dos gramados no segundo semestre do ano anterior. Assim, o atacante terminou a temporada de 2019 com 16 jogos disputados, sendo cinco como titular. No Campeonato Carioca, foram cinco partidas, com destaque para a decisão da Taça Rio, contra o Vasco, quando entrou em campo desde o início da partida. No Brasileirão, jogou nove partidas, sendo titular pela primeira vez contra o Athletico-PR (2 x 0, em Curitiba). Foi então bastante elogiado pelo técnico Jorge Jesus, que lhe passou confiança e o escalou como titular mais duas vezes: contra o Fortaleza (2 x 1) e contra o Grêmio (1 x 0), ambos jogos fora de casa. Já na Libertadores, em que foi inscrito com a camisa 23, Lucas Silva entrou no segundo tempo na vitória sobre o San José (6 x 1), no Maracanã, e na derrota para o Emelec (0 x 2), em Guayaquil.

Os jogadores **de 2019**

EM 2019	J	G	A	T	CA	CV
Florida Cup	2	0	0	1	0	0
Campeonato Carioca	6	0	0	2	0	0
Copa do Brasil	0	0	0	0	0	0
Copa Libertadores	0	0	0	0	0	0
Campeonato Brasileiro	1	0	1	0	0	0
Mundial de Clubes	0	0	0	0	0	0
TOTAL	9	0	1	3	0	0

54

VÍTOR GABRIEL

ATACANTE
19 anos | 1,84m | 78kg
VÍTOR GABRIEL CLAUDINO REGO FERREIRA
20/1/00 – Rio de Janeiro (RJ)
Clube: Flamengo (desde 18)
Títulos: Campeonato Brasileiro (19) e Campeonato Carioca (19) pelo Flamengo
Pelo Flamengo: 11 J | 0 G

Prata da casa, o centroavante Vítor Gabriel alcançou grandes feitos nas categorias de base do Flamengo. Em 2017, foi campeão e artilheiro do Carioca Sub-17, com 15 gols. Em 2018, conquistou a Copa São Paulo de Futebol Júnior e o Carioca Sub-20. Naquele ano, no dia 17 de janeiro, fez então sua estreia no profissional, entrando na vitória sobre o Volta Redonda por 2 x 0, pelo Campeonato Carioca. No ano seguinte, chegou a disputar um jogo pela Copa São Paulo, mas foi chamado pelo técnico Abel Braga para fazer parte do grupo que disputaria a Florida Cup e acabou sendo titular na partida contra o Eintracht Frankfurt que deu o título ao Mengão. No Campeonato Carioca, disputou seis jogos, sendo titular duas vezes: contra o Vasco (1 x 1) e o Volta Redonda (0 x 0). No mesmo período, foi campeão do Carioca Sub-20, marcando um gol na final contra o Vasco. Inscrito na Libertadores com a camisa 29, o atacante acabou não jogando pelo torneio sul-americano. Aos 19 anos, fez um jogo pelo Brasileirão, na vitória sobre o Fortaleza por 2 x 1, fora de casa, dando o passe para o gol decisivo de Reinier. Campeão brasileiro sub-20 no final do ano, o centroavante renovou seu contrato com o clube até dezembro de 2023, sendo considerado uma das grandes promessas do Fla para os próximos anos.

J: Jogos • V: Vitórias • E: Empates • D: Derrotas

O TREINADOR

EM 2019	J	V	E	D
Florida Cup	0	0	0	0
Campeonato Carioca	0	0	0	0
Copa do Brasil	2	0	2	0
Copa Libertadores	7	4	2	1
Campeonato Brasileiro	28	22	4	2
Mundial de Clubes	2	1	0	1
TOTAL	**39**	**27**	**8**	**4**

JORGE JESUS

TREINADOR
65 anos
JORGE FERNANDO PINHEIRO DE JESUS
24/7/54 – Amadora (Portugal)
Clubes: Amora-POR (89-93), Felgueiras-POR (93-97), União Madeira-POR (98), Estrela Amadora-POR (98-00 e 02-03), Vitória de Setúbal-POR (00-01), Vitória de Guimarães-POR (03-04), Moreirense-POR (04-05), União Leiria-POR (05-06), Belenenses-POR (06-08), Braga-POR (08-09), Benfica-POR (09-15), Sporting-POR (15-18), Al-Hilal-ARA (18-19) e Flamengo (desde 19)
Títulos: Copa Libertadores da América (19) e Campeonato Brasileiro (19) pelo Flamengo; Campeonato Português (10, 14 e 15), Copa de Portugal (14), Copa da Liga Portuguesa (10, 11, 12, 14, 15 e 18), Supercopa Portuguesa (15 e 16), Segunda Divisão Portuguesa (92) e Supercopa Saudita (19)

Foram pouco menos de seis meses, mas o técnico Jorge Jesus fez história no Flamengo. Aos 65 anos, o português aceitou o desafio de comandar o Mengão e estreou no dia 10 de julho, no empate contra o Athletico-PR, pela Copa do Brasil. Desde então, o Mister conquistou a torcida e os jogadores com sua filosofia de jogo e muita cobrança por perfeição e títulos importantes. Tricampeão português pelo Benfica e com uma passagem pelo Al-Hilal, da Arábia Saudita, Jorge Jesus ficou conhecido por montar times ofensivos. Fã do Carrossel Holandês dos anos 1970, seleção dirigida pelo técnico Rinus Michels, Jorge Jesus trouxe o seu fascínio pelo ataque ao futebol brasileiro e transformou o Flamengo no melhor time do Brasil e da América do Sul em pouco tempo. A rápida adaptação ao estilo de jogo daqui logo o transformou em ídolo da torcida rubro-negra, que sempre aos quarenta minutos do segundo tempo cantava em sua homenagem: "Olê, olê, olê, olê, Mister, Mister!" Avesso a poupar jogadores, era comum vê-lo pedindo que o time atacasse até os minutos finais, mesmo com a vantagem de dois ou três gols – algo incomum no futebol brasileiro dos últimos anos. Campeão brasileiro com recorde de pontos, vitórias e gols, Jorge Jesus chegou ao título nacional e à final da Copa Libertadores com 25 jogos de invencibilidade. Primeiro estrangeiro a conquistar o Brasileirão desde 1971 e o segundo europeu a ganhar a Libertadores, Jorge Jesus teve o excelente aproveitamento de 76,1% em 39 jogos pelo clube.

DEMAIS JOGADORES
E TREINADORES

JUAN

ZAGUEIRO
40 anos | 1,82m | 74kg
JUAN SILVEIRA DOS SANTOS
1/2/79 – Rio de Janeiro (RJ)
Clubes: Flamengo (96-02 e 16-19), Bayer Leverkusen-ALE (02-07), Roma-ITA (07-12) e Internacional (12-15)
Títulos: Campeonato Brasileiro (19), Campeonato Carioca (96, 99, 01, 17 e 19), Copa dos Campeões (01), Copa Mercosul (99) e Copa Ouro (96) pelo Flamengo; Copa da Itália (08), Supercopa Italiana (07), Campeonato Gaúcho (13, 14 e 15), Copa das Confederações (05 e 09) e Copa América (04 e 07)
Seleção Brasileira: 79 J | 7 G
Pelo Flamengo: 332 J | 32 G

EM 2019	J	G	A	T	CA	CV
Florida Cup	0	0	0	0	0	0
Campeonato Carioca	1	0	0	0	0	0
Copa do Brasil	0	0	0	0	0	0
Copa Libertadores	0	0	0	0	0	0
Campeonato Brasileiro	1	0	0	0	0	0
Mundial de Clubes	0	0	0	0	0	0
TOTAL	2	0	0	0	0	0

Cria das categorias de base do Flamengo, o zagueiro Juan estreou no time profissional em 1996, com apenas 16 anos. Permaneceu até 2002, após disputar mais de duzentos jogos e conquistar títulos importantes, como a Copa Mercosul, dois Cariocas e a Copa dos Campeões. Após uma grande carreira no futebol europeu, atuando no Bayer Leverkusen-ALE e na Roma-ITA, e uma performance memorável na seleção brasileira – com 79 jogos e duas Copas do Mundo –, Juan voltou ao Brasil para jogar no Inter, em 2012. Depois, em 2016, retornou ao Flamengo.

Em 19 de março de 2019, o Xerife da Gávea, recuperado de uma cirurgia no tendão de aquiles do pé direito, que o afastara por seis meses do gramado, entrou novamente em campo. Nos minutos finais do jogo contra o Madureira, pelo Carioca, recebeu a faixa de capitão de Diego e, em seguida, fez um discurso emocionado:

"Hoje foi um dia de concentração. De resenha no ônibus a caminho do Maracanã. De vestir uniforme de jogo. De encontrar a torcida do Flamengo. De viver a expectativa de entrar em campo para jogar por esse clube tão importante em minha vida. Como senti falta de tudo isso nesses seis meses pós-lesão e cirurgia. E como foi importante contar com o carinho e o apoio de minha família, da nação rubro-negra, dos companheiros de time, funcionários e diretoria durante minha recuperação. Minha gratidão a todos e contem comigo para levar o Flamengo a mais uma vitória. Desta vez não apenas como torcedor. Vamos, Flamengo!"

Pouco depois, no dia 21 de abril, mesmo não tendo entrado em campo, foi o escolhido para levantar a taça do Carioca na cerimônia de premiação no Maracanã. Na semana seguinte, no dia 28 de abril, fez seu último jogo com a camisa 4 do Fla, entrando também nos minutos finais contra o Cruzeiro, na estreia do Brasileirão. Celebrado e festejado pelo grupo e pelos torcedores, Juan se despediu da carreira de maneira emocionante.

"Para mim, foi motivo de orgulho ter participado de um momento tão especial do Flamengo e depois seguir trabalhando no clube em 2019. Mesmo do lado de fora, seguir ao lado deles e ver de perto todas essas conquistas históricas foi algo maravilhoso. O que conseguimos esse ano ficará, com certeza, marcado na história, não só do Flamengo, mas do futebol brasileiro, com uma performance espetacular. Foi um ano muito especial, com estádios lotados, num reflexo do que o time apresentou dentro de campo. A gente está acostumado a ter o apoio incondicional da nação rubro-negra, mas, quando tem essa sintonia, fica difícil de sermos batidos."

Jogadores que estavam no elenco principal, mas não atuaram em 2019

45
HUGO SOUZA
GOLEIRO | 20 anos | 1,96m | 83kg
HUGO DE SOUZA NOGUEIRA | 31/1/99 – Duque de Caxias (RJ)
Clube: Flamengo (desde 18)
Pelo Flamengo: 130 J | 0 G

56
RAMON
LATERAL ESQUERDO | 18 anos | 1,76m | 65kg
RAMON RAMOS LIMA | 13/3/01 – São João de Meriti (RJ)
Clube: Flamengo (desde 18)
Pelo Flamengo: 2 J | 0 G
*Não atuou pelo profissional em 2019

46
YAGO DARUB
GOLEIRO | 20 anos | 1,96m | 82kg
YAGO RAFAEL VALADARES DARUB | 13/9/99 – Rio Branco (AC)
Clube: Flamengo (desde 19)
Pelo Flamengo: 0 J | 0 G
*Não atuou pelo profissional em 2019

40
PEPÊ
MEIA | 21 anos | 1,83m | 79kg
JOÃO PEDRO VILARDI PINTO | 6/1/98 – Rio de Janeiro (RJ)
Clubes: Flamengo (17-18 e desde 19) e Portimonense-POR (19)
Pelo Flamengo: 0 J | 0 G
*Não atuou pelo profissional em 2019

57
YURI CÉSAR
MEIA | 19 anos | 1,76m | 65kg
YURI CESAR SANTOS DE OLIVEIRA SILVA | 6/5/00 – Volta Redonda (RJ)
Clube: Flamengo (desde 19)
Pelo Flamengo: 0 J | 0 G
*Não atuou pelo profissional em 2019

Jogadores que estavam no elenco principal e que deixaram o clube ao longo de 2019

30

THIAGO

GOLEIRO | 22 anos | 1,85m | 77kg
THIAGO RODRIGUES DA SILVA | 12/6/96 – Rio de Janeiro (RJ)
Clubes: Flamengo (15-19) e América-MG (19)
Pelo Flamengo: 20 J | 0 G
*Não atuou pelo profissional em 2019

52

PATRICK

ZAGUEIRO | 19 anos | 1,85m | 79kg
PATRICK DA SILVA FERREIRA SOUZA | 28/2/00 – Rio de Janeiro (RJ)
Clubes: Flamengo (18-19) e Midtjylland-NOR (19)
Pelo Flamengo: 2 J | 0 G
*Não atuou pelo profissional em 2019

21

PARÁ

LATERAL DIREITO | 33 anos | 1,73m | 71kg
MARCOS ROGÉRIO RICCI LOPES | 14/2/86 – São João do Araguaia (PA)
Clubes: Santo André (03-08), Santos (08-12 e 19), Grêmio (12-14) e Flamengo (15-19)
Títulos: Copa Libertadores da América (19), Campeonato Brasileiro (19) e Campeonato Carioca (17 e 19) pelo Flamengo; Copa Libertadores da América (11), Copa do Brasil (10) e Campeonato Paulista (10, 11 e 12)
Pelo Flamengo: 217 J | 4 G

EM 2019	J	G	A	T	CA	CV
Florida Cup	2	0	0	1	0	0
Campeonato Carioca	12	0	1	12	3	0
Copa do Brasil	2	0	0	2	0	0
Copa Libertadores	6	0	2	6	2	1
Campeonato Brasileiro	6	0	0	6	3	0
Mundial de Clubes	0	0	0	0	0	0
TOTAL	28	0	3	27	8	1

31

KLEBINHO

LATERAL DIREITO | 21 anos | 1,64m | 62kg
KLÉBER AUGUSTO CAETANO LEITE FILHO | 2/8/98 – Rio de Janeiro (RJ)
Clubes: Flamengo (17-19) e Tokyo Verdy-JAP (19)
Título: Campeonato Carioca (19) pelo Flamengo
Pelo Flamengo: 7 J | 0 G

EM 2019	J	G	A	T	CA	CV
Florida Cup	0	0	0	0	0	0
Campeonato Carioca	2	0	0	0	0	0
Copa do Brasil	0	0	0	0	0	0
Copa Libertadores	0	0	0	0	0	0
Campeonato Brasileiro	0	0	0	0	0	0
Mundial de Clubes	0	0	0	0	0	0
TOTAL	2	0	0	0	0	0

Demais jogadores e treinadores

43 — LÉO DUARTE

ZAGUEIRO | 23 anos | 1,83m | 77kg
LEONARDO CAMPOS DUARTE DA SILVA | 17/7/96 – Mococa (SP)
Clubes: Flamengo (16-19) e Milan-ITA (19)
Títulos: Copa Libertadores da América (19), Campeonato Brasileiro (19) e Campeonato Carioca (17 e 19) pelo Flamengo
Pelo Flamengo: 94 J | 2 G

EM 2019	J	G	A	T	CA	CV
Florida Cup	0	0	0	0	0	0
Campeonato Carioca	10	0	0	10	0	0
Copa do Brasil	4	0	0	4	1	0
Copa Libertadores	7	0	0	7	2	0
Campeonato Brasileiro	7	0	0	7	2	0
Mundial de Clubes	0	0	0	0	0	0
TOTAL	28	0	0	28	5	0

20 — TRAUCO

LATERAL ESQUERDO | 27 anos | 1,75m | 68kg
MIGUEL ANGEL TRAUCO SAAVEDRA | 25/8/92 – Tarapoto (Peru)
Clubes: Unión Tarapoto-PER (09-10), Unión Comercio-PER (11-15), Universitario-PER (16), Flamengo (17-19) e Saint-Étienne-FRA (19)
Títulos: Copa Libertadores da América (19), Campeonato Brasileiro (19) e Campeonato Carioca (17 e 19) pelo Flamengo
Seleção Peruana: 50 J | 0 G
Pelo Flamengo: 79 J | 4 G

EM 2019	J	G	A	T	CA	CV
Florida Cup	2	0	0	1	1	0
Campeonato Carioca	5	0	2	5	2	0
Copa do Brasil	0	0	0	0	0	0
Copa Libertadores	2	0	0	0	0	0
Campeonato Brasileiro	5	0	2	5	2	0
Mundial de Clubes	0	0	0	0	0	0
TOTAL	14	0	4	11	5	0

8 — CUÉLLAR

VOLANTE | 27 anos | 1,76m | 70kg
GUSTAVO LEONARDO CUÉLLAR GALLEGO | 14/10/92 – Barranquilla (Colômbia)
Clubes: Deportivo Cali-COL (09-14), Junior Barranquilla-COL (14-15), Flamengo (16-19) e Al Hilal-ARA (19)
Títulos: Copa Libertadores da América (19), Campeonato Brasileiro (19) e Campeonato Carioca (17 e 19) pelo Flamengo; Copa da Colômbia (15)
Seleção Colombiana: 7 J | 1 G
Pelo Flamengo: 171 J | 2 G

EM 2019	J	G	A	T	CA	CV
Florida Cup	2	0	0	1	0	0
Campeonato Carioca	10	0	0	9	2	0
Copa do Brasil	3	0	0	3	0	0
Copa Libertadores	10	0	0	9	1	0
Campeonato Brasileiro	9	0	0	8	2	0
Mundial de Clubes	0	0	0	0	0	0
TOTAL	34	0	0	30	5	0

16 — RONALDO

VOLANTE | 23 anos | 1,75m | 69kg
RONALDO DA SILVA SOUZA | 23/10/96 – Itu (SP)
Clubes: Flamengo (15-17 e 18-19), Atlético-GO (17) e Bahia (19)
Títulos: Copa Libertadores da América (19), Campeonato Brasileiro (19) e Campeonato Carioca (17 e 19) pelo Flamengo
Pelo Flamengo: 29 J | 0 G

EM 2019	J	G	A	T	CA	CV
Florida Cup	2	0	0	1	0	0
Campeonato Carioca	8	0	0	6	2	0
Copa do Brasil	1	0	0	0	0	0
Copa Libertadores	1	0	0	0	0	0
Campeonato Brasileiro	3	0	1	2	2	0
Mundial de Clubes	0	0	0	0	0	0
TOTAL	15	0	1	9	4	0

18

JEAN LUCAS

MEIA | 21 anos | 1,81m | 78kg
JEAN LUCAS DE SOUZA OLIVEIRA | 22/6/98 – Rio de Janeiro (RJ)
Clubes: Flamengo (15-19), Santos (19) e Lyon-FRA (19)
Título: Carioca (19) pelo Flamengo
Pelo Flamengo: 28 J | 1 G

EM 2019	J	G	A	T	CA	CV
Florida Cup	2	1	0	1	2	0
Campeonato Carioca	2	0	0	1	0	0
Copa do Brasil	0	0	0	0	0	0
Copa Libertadores	0	0	0	0	0	0
Campeonato Brasileiro	0	0	0	0	0	0
Mundial de Clubes	0	0	0	0	0	0
TOTAL	4	1	0	2	2	0

20

URIBE

ATACANTE | 31 anos | 1,79m | 77kg
FERNANDO URIBE HINCAPIÉ | 1/1/88 – Pereira (Colômbia)
Clubes: Atlético Huila-COL (05), Girardot-COL (06-07), Cortuluá-COL (08), Deportivo Pereira-COL (09), Once Caldas-COL (10), Chievo-ITA (10-11), Atlético Nacional-COL (12-14), Millonarios-COL (14-15), Toluca-MEX (15-18), Flamengo (18-19) e Santos (19)
Títulos: Copa Libertadores da América (19) e Campeonato Carioca (19) pelo Flamengo; Campeonato Colombiano Apertura (14) e Campeonato Colombiano – Finalización (13)
Seleção Colombiana: 2 J | 0 G
Pelo Flamengo: 39 J | 10 G

EM 2019	J	G	A	T	CA	CV
Florida Cup	2	2	0	1	0	0
Campeonato Carioca	12	1	0	7	0	0
Copa do Brasil	0	0	0	0	0	0
Copa Libertadores	2	1	0	0	0	0
Campeonato Brasileiro	0	0	0	0	0	0
Mundial de Clubes	0	0	0	0	0	0
TOTAL	16	4	0	8	0	0

19

HENRIQUE DOURADO

ATACANTE | 30 anos | 1,84m | 79kg
JOSÉ HENRIQUE DA SILVA DOURADO | 15/9/89 – Guarulhos (SP)
Clubes: Flamengo-SP (07-08), Lemense (09), União São João (10-11), Santo André (11), Cianorte (11-12), Chapecoense (12), Mogi Mirim (13), Santos (13), Portuguesa (13-14), Palmeiras (14 e 19), Cruzeiro (15), Vitória de Guimarães-POR (16), Fluminense (16-17), Flamengo (17-19) e Henan Jianye-CHN (19)
Títulos: Campeonato Carioca (19) pelo Flamengo; Campeonato Paulista da Série A2 (13) e Campeonato Paulista da Série A3 (08)
Pelo Flamengo: 46 J | 15 G

EM 2019	J	G	A	T	CA	CV
Florida Cup	2	0	0	1	0	0
Campeonato Carioca	3	2	0	2	0	0
Copa do Brasil	0	0	0	0	0	0
Copa Libertadores	0	0	0	0	0	0
Campeonato Brasileiro	0	0	0	0	0	0
Mundial de Clubes	0	0	0	0	0	0
TOTAL	5	2	0	3	0	0

40

THIAGO SANTOS

ATACANTE | 24 anos | 1,78m | 70kg
THIAGO NASCIMENTO DOS SANTOS | 12/4/95 – Mari (PB)
Clubes: Flamengo (15-16 e 19), Mumbai City-IND (17-18) e Chapecoense (19)
Títulos: Campeonato Carioca (19) pelo Flamengo
Pelo Flamengo: 13 J | 1 G

EM 2019	J	G	A	T	CA	CV
Florida Cup	2	0	0	1	0	0
Campeonato Carioca	2	0	0	0	1	0
Copa do Brasil	0	0	0	0	0	0
Copa Libertadores	0	0	0	0	0	0
Campeonato Brasileiro	0	0	0	0	0	0
Mundial de Clubes	0	0	0	0	0	0
TOTAL	4	0	0	1	1	0

Demais jogadores **e treinadores**

59

BILL

ATACANTE | 20 anos | 1,75m | 68kg
FABRÍCIO RODRIGUES DA SILVA FERREIRA | 7/5/99 – Belford Roxo (RJ)
Clubes: Flamengo (19) e Ponte Preta (19)
Títulos: Campeonato Brasileiro (19) e Campeonato Carioca (19) pelo Flamengo
Pelo Flamengo: 2 J | 0 G

EM 2019	J	G	A	T	CA	CV
Florida Cup	0	0	0	0	0	0
Campeonato Carioca	1	0	1	0	0	0
Copa do Brasil	0	0	0	0	0	0
Copa Libertadores	0	0	0	0	0	0
Campeonato Brasileiro	1	0	0	0	0	0
Mundial de Clubes	0	0	0	0	0	0
TOTAL	2	0	1	0	0	0

Outros treinadores que comandaram o time

MARCELO SALLES

TREINADOR*
LUIZ MARCELO DE CASTRO SALLES | 41 anos
6/2/78 – Rio de Janeiro (RJ)
Clubes: Rio Branco-ES (13), Nova Iguaçu-RJ (13-14 e 19), Audax Rio-RJ (15), Bonsucesso-RJ (15 e 18), Imperatriz-MA (16), Portuguesa-RJ (16), Sampaio Corrêa-RJ (16), Volta Redonda-RJ (18) e Flamengo (19)

EM 2019	J	V	E	D
Florida Cup	0	0	0	0
Campeonato Carioca	0	0	0	0
Copa do Brasil	1	1	0	0
Copa Libertadores	0	0	0	0
Campeonato Brasileiro	3	2	1	0
Mundial de Clubes	0	0	0	0
TOTAL	4	3	1	0

*Interino

ABEL BRAGA

TREINADOR
ABEL CARLOS DA SILVA BRAGA | 67 anos
1/9/52 – Rio de Janeiro (RJ)
Clubes: Volta Redonda (82), Vitória (83), Rio Ave-POR (84 e 86), Goytacaz (85), Botafogo (87 e 01-02), Santa Cruz (87-88), Internacional (88-89, 94-95, 06-08 e 14), Belenenses-POR (89-92), Vitória de Setúbal-POR (93), Vasco (95 e 00), Atlético-PR (97-98 e 02), Coritiba (99), Paraná (99-00), Olympique de Marseille-FRA (00), Atlético-MG (01), Ponte Preta (03), Flamengo (04 e 19), Fluminense (05, 11-13 e 17-18), Al Jazira-EAU (08-11 e 15-16) e Cruzeiro (19)
Títulos: Campeonato Carioca (04 e 19) pelo Flamengo; Campeonato Pernambucano (87), Campeonato Paranaense (98 e 99), Campeonato Carioca (05 e 12), Copa Libertadores da América (06), Mundial de Clubes da Fifa (06), Campeonato Gaúcho (08 e 14), Liga dos Emirados Árabes (11) e Campeonato Brasileiro (12)

EM 2019	J	V	E	D
Florida Cup	2	1	1	0
Campeonato Carioca	17	11	5	1
Copa do Brasil	1	1	0	0
Copa Libertadores	6	3	1	2
Campeonato Brasileiro	6	3	1	2
Mundial de Clubes	0	0	0	0
TOTAL	32	19	8	5

ESTATÍSTICAS **DA TEMPORADA**

Resumo

COMPETIÇÃO	PG	J	V	E	D	GP	GC	S	COLOCAÇÃO
Florida Cup	4	2	1	1	0	3	2	1	1º
Campeonato Carioca	38	17	11	5	1	33	13	20	1º
Copa do Brasil	8	4	2	2	0	4	2	2	7º
Copa Libertadores da América	24	13	7	3	3	24	10	14	1º
Campeonato Brasileiro	90	38	28	6	4	86	37	49	1º
Mundial de Clubes	3	2	1	0	1	3	2	1	2º
TOTAL	167	76	50	17	9	153	66	87	

Em casa

COMPETIÇÃO	PG	J	V	E	D	GP	GC	S
Campeonato Carioca	20	9	6	2	1	19	7	12
Copa do Brasil	4	2	1	1	0	2	1	1
Copa Libertadores da América	15	6	5	0	1	18	3	15
Campeonato Brasileiro	53	19	17	2	0	56	18	28
TOTAL	92	36	29	5	2	95	29	56

Fora de casa

COMPETIÇÃO	PG	J	V	E	D	GP	GC	S
Campeonato Carioca	18	8	5	3	0	14	6	8
Copa do Brasil	4	2	1	1	0	2	1	1
Copa Libertadores da América	6	6	1	3	2	4	6	-2
Campeonato Brasileiro	37	19	11	4	4	30	19	11
TOTAL	65	35	18	11	6	50	32	18

Campo neutro

COMPETIÇÃO	PG	J	V	E	D	GP	GC	S
Florida Cup	4	2	1	1	0	3	2	1
Copa Libertadores da América	3	1	1	0	0	2	1	1
Mundial de Clubes	3	2	1	0	1	3	2	1
TOTAL	10	5	3	1	1	8	5	3

Treinadores

NOME	J	V	E	D	APROVEITAMENTO
Abel Braga	32	19	8	5	67,7%
Marcelo Salles	4	3	1	0	83,3%
Jorge Jesus	40	28	8	4	76,7%

Média de público presente em casa

COMPETIÇÃO	MÉDIA	JOGOS
Campeonato Carioca	42.709	9
Copa do Brasil	65.066	2
Copa Libertadores da América	66.330	6
Campeonato Brasileiro	59.285	19
TOTAL	56.636	36

Maiores goleadas

6 x 1 San José-BOL (Copa Libertadores da América), dia 11/4
6 x 1 Goiás (Campeonato Brasileiro), dia 14/7
6 x 1 Avaí (Campeonato Brasileiro), dia 5/12
5 x 0 Grêmio (Copa Libertadores da América), dia 23/10

Elenco

N°	JOGADOR	POSIÇÃO	JOGOS	GOLS	ASSIS.	AMA.	VER.
1	Diego Alves	Goleiro	63	-55	0	3	0
2	Rodinei	Lateral direito	29	0	2	7	0
3	Rodrigo Caio	Zagueiro	62	5	0	8	0
4	Pablo Marí	Zagueiro	30	3	0	6	0
4	Juan*	Zagueiro	2	0	0	0	0
5	Willian Arão	Volante	66	5	8	10	0
6	Renê	Lateral esquerdo	52	1	6	3	0
7	Éverton Ribeiro	Meia	64	6	16	8	0
8	Gerson	Volante	36	2	4	4	0
8	Cuéllar*	Volante	34	0	0	5	0
9	Gabriel	Atacante	59	43	11	23	3
10	Diego	Meia	45	5	5	13	0
11	Vitinho	Atacante	54	9	4	7	0
13	Rafinha	Lateral direito	30	0	6	10	0
14	Arrascaeta	Meia	52	18	19	1	0
15	Vinícius Souza	Volante	4	0	0	1	0
16	Filipe Luís	Lateral esquerdo	23	0	0	3	0
16	Ronaldo*	Volante	15	0	1	4	0
17	Hugo Moura	Volante	6	0	1	1	0
18	Jean Lucas*	Meia	4	1	0	2	0
19	Reinier	Meia	15	6	2	1	0
19	Henrique Dourado*	Atacante	5	2	0	0	0
20	Uribe*	Atacante	16	4	0	0	0
20	Trauco*	Lateral esquerdo	14	0	4	5	0
21	Pará*	Lateral direito	28	0	3	8	1
22	Gabriel Batista	Goleiro	2	-1	0	0	0
23	Lucas Silva	Atacante	16	0	0	0	0
25	Piris da Motta	Volante	42	0	0	6	0
26	Thuler	Zagueiro	17	0	0	4	0
27	Bruno Henrique	Atacante	62	35	16	20	2
28	Berrío	Atacante	25	1	3	4	1
29	Lincoln	Atacante	17	3	2	1	0
30	Thiago*	Goleiro	0	0	0	0	0
31	Klebinho*	Lateral direito	2	0	0	0	0
32	João Lucas	Lateral direito	6	0	0	1	0
37	César	Goleiro	13	-10	0	1	1
40	Pepê	Meia	0	0	0	0	0
40	Thiago Santos*	Atacante	4	0	0	1	0
43	Léo Duarte*	Zagueiro	28	0	0	5	0
44	Rhodolfo	Zagueiro	16	1	0	0	0
45	Hugo Souza	Goleiro	0	0	0	0	0
46	Yago Darub	Goleiro	0	0	0	0	0
52	Patrick*	Zagueiro	0	0	0	0	0
54	Vítor Gabriel	Atacante	9	0	1	0	0
55	Dantas	Zagueiro	3	0	0	0	0
56	Ramon	Lateral esquerdo	0	0	0	0	0
57	Yuri César	Meia	0	0	0	0	0
58	Rafael Santos	Zagueiro	1	0	0	1	0
59	Bill*	Atacante	2	0	1	0	0

* Deixaram o clube durante a temporada

Quem mais jogou

Willian Arão	**66** jogos
Éverton Ribeiro	**64** jogos
Diego Alves	**63** jogos
Rodrigo Caio	**62** jogos
Bruno Henrique	**62** jogos
Gabriel	**59** jogos
Vitinho	**54** jogos
Renê	**52** jogos
Arrascaeta	**52** jogos
Diego	**45** jogos

Principais artilheiros

Gabriel	**43** gols
Bruno Henrique	**35** gols
Arrascaeta	**18** gols
Vitinho	**9** gols
Éverton Ribeiro	**6** gols
Reinier	**6** gols
Willian Arão	**5** gols
Rodrigo Caio	**5** gols
Diego	**5** gols
Uribe	**4** gols

Mais assistências

Arrascaeta	**19**
Bruno Henrique	**16**
Éverton Ribeiro	**16**
Gabriel	**11**
Willian Arão	**8**
Renê	**6**
Rafinha	**6**
Diego	**5**
Vitinho	**4**
Gerson	**4**
Trauco	**4**

Maior invencibilidade
29 jogos
(24 vitórias e 5 empates), de 10/8 a 5/12

DEMAIS CATEGORIAS

Além do futebol profissional, o rubro-negro foi destaque em 2019 nas categorias de base, conquistando títulos importantes no cenário estadual e nacional

SUB-20

A categoria sub-20 do Flamengo teve uma temporada especial em 2019. Foram quatro títulos e uma semifinal em cinco competições. Sob o comando do técnico Maurício Souza, o Mengão conquistou pela primeira vez o Campeonato Brasileiro da categoria e chegou ao bicampeonato no Carioca. O time ainda levou o título do tradicional torneio Octávio Pinto Guimarães (OPG), organizado pela Federação Carioca, chegou à semifinal da Copa do Brasil e fechou a temporada ganhando a Supercopa do Brasil.

No Campeonato Brasileiro, disputado por vinte clubes, o Flamengo terminou a primeira fase (19 rodadas) na terceira colocação, com 41 pontos, atrás do Vasco e do Palmeiras, com 42 e 41 pontos, respectivamente. Depois, na fase de mata-matas, passou pelo Fluminense, nas quartas de final e Corinthians, na semifinal. Na decisão, contra o Palmeiras, o Fla perdeu o jogo de ida por 1 x 0, em São Paulo, mas depois fez 3 x 0 no estádio Kléber Andrade, em Cariacica-ES. Yuri César, Wendel e Guilherme Bala fizeram os gols que deram o título do Brasileiro sub-20 ao clube. Yuri César, com 11 gols, foi o artilheiro do time.

Já no Carioca, o Mengão ganhou a Taça Guanabara em cima do Vasco, e depois foi vice da Taça Rio, perdendo para o rival. Na decisão do Estadual, novamente contra o Vasco, o Fla venceu o primeiro jogo por 2 x 0 e garantiu o bicampeonato com o empate em 1 x 1. Esse foi o 31º título do Mengão na categoria, na qual é o maior campeão. E contra o Vasco, o Fla ganhou também o Torneio OPG em outubro, sagrando-se bicampeão.

No primeiro semestre, na Copa do Brasil, o Flamengo passou por Ceilândia-DF, Real Ariquemes-RO e Internacional, antes de perder para o Cruzeiro na semifinal. Já no fim de dezembro, o rubro-negro venceu o jogo contra o Palmeiras, o então campeão da Copa do Brasil, e levou o título da Supercopa do Brasil pela primeira vez.

Reinier, Vinícius Souza e Vítor Gabriel, que começaram o ano no time sub-20, subiram ao profissional e foram campeões brasileiros com o grupo principal. Já os goleiros Hugo Souza e Yago Darub, além do lateral esquerdo Ramon e o meia Yuri César, ficaram no banco de reservas em algumas partidas do profissional no ano.

Copa São Paulo de Futebol Júnior

Com o time sub-20, dirigido também por Maurício Souza, o Flamengo, campeão de 2018, se classificou na primeira fase em segundo lugar no Grupo 15. Para isso, venceu o Ríver-PI e o Jaguariúna-SP com goleadas de 4 x 0 e perdeu para o Trindade-GO por 1 x 0. Na segunda fase, no mata-mata, foi eliminado após perder para o Figueirense por 1 x 0.

Resumo da temporada do Sub-20 em 2019

CAMPEONATO	J	V	E	D	GF	GS	COLOCAÇÃO
Campeonato Brasileiro	25	16	6	3	48	21	Campeão
Copa do Brasil	7	5	1	1	24	8	Semifinal
Supercopa	2	1	0	1	3	1	Campeão
Carioca	25	14	7	4	43	18	Campeão
OPG	8	5	1	2	13	7	Campeão
TOTAL	67	41	15	11	131	55	

Principais artilheiros no ano

Rodrigo Muniz	**22** gols
Yuri César	**15** gols
Vítor Gabriel	**12** gols

©Marcelo Cortes / Flamengo

SUB-17

Como no profissional e no sub-20, o Flamengo conquistou também o Campeonato Brasileiro com a categoria sub-17 em 2019. Dirigido pelo técnico Philipe Leal, que já havia ganhado a Copa do Brasil sub-17 no ano anterior, o Mengão terminou a primeira fase da competição no segundo lugar do Grupo B, com 18 pontos, atrás apenas do Grêmio, que alcançou 23. Nos mata-matas, venceu o Athletico-PR nas quartas de final com duas vitórias (3 x 1 fora e 3 x 0 em casa). Na semifinal, após dois empates contra o São Paulo (2 x 2 e 0 x 0), ganhou nos pênaltis (4 x 3), no Rio, e avançou para a decisão. Na final venceu o Corinthians duas vezes (4 x 3 fora e 2 x 1 em Cariacica), para ficar com o título na segunda edição do torneio. O atacante Lázaro, com 14 gols, foi o artilheiro da competição.

No Carioca, o Mengão perdeu a final da Taça Guanabara para o Fluminense e depois ganhou a Taça Rio em cima do Botafogo. Na decisão do Estadual, acabou novamente derrotado pelo Flu e ficou com o vice-campeonato. Já na Supercopa do Brasil, contra o Palmeiras, campeão da Copa do Brasil, o Fla também ficou com o vice.

Resumo da temporada do Sub-17 em 2019

CAMPEONATO	J	V	E	D	GF	GS	COLOCAÇÃO
Brasileiro	15	9	5	1	37	17	Campeão
Supercopa	2	1	0	1	3	4	Vice
Carioca	27	16	6	5	47	20	Vice
TOTAL	44	26	11	7	87	41	

Principais artilheiros no ano

Lázaro	**23** gols
Carlos Daniel	**7** gols
Ryan Luka	**6** gols
Weverton	**6** gols

SUB-15

Sob o comando do técnico Leo Cherede, o Flamengo disputou o Campeonato Carioca e terminou na terceira colocação. Na Taça Guanabara, passou em segundo lugar no Grupo B, atrás do Vasco, e depois ganhou do Nova Iguaçu nas quartas de final. Na semifinal, acabou empatando com Vasco e foi eliminado, já que o rival havia feito melhor campanha. Na Taça Rio, o rubro-negro venceu todos os jogos no Grupo B e avançou para os mata-matas, superando o Botafogo nas quartas de final com o empate por 2 x 2. Na semifinal, perdeu novamente para o Vasco, que acabou depois ficando com o título.

No Sub-16, o Flamengo, do técnico Leonam Kasali, disputou o torneio Guilherme Embry, organizado pela Federação Carioca, e terminou na quarta colocação.

Resumo da temporada do Sub-15 em 2019

CAMPEONATO	J	V	E	D	GF	GS	COLOCAÇÃO
Carioca	21	15	4	2	73	15	3º
TOTAL	21	15	4	2	73	15	

Principais artilheiros no ano

João Vítor	**9** gols
França	**7** gols
Petterson	**7** gols

FUTEBOL FEMININO

Com uma grande campanha, o Flamengo/Marinha superou o Fluminense na final e conquistou pela quinta vez seguida o título do Campeonato Carioca. Ano foi positivo também no Brasileiro

A parceria entre o Clube de Regatas do Flamengo e a Marinha do Brasil no futebol feminino voltou a render títulos. Em 2019, o Flamengo/Marinha realizou uma ótima campanha e conquistou o pentacampeonato carioca. Em 11 jogos, foram dez vitórias, apenas uma derrota e incríveis 135 gols marcados, com somente sete gols sofridos. Na campanha do título, as jogadoras fizeram ainda a maior goleada na história do futebol mundial. Só a atacante Flávia marcou 14 gols na partida. Na semifinal, depois de perder para o Botafogo por 4 x 1, em sua única derrota, o Fla/Marinha fez 7 x 2 no jogo de volta e garantiu vaga na final. Na decisão, o time do técnico Ricardo Arantes venceu o Fluminense duas vezes (1 x 0 e 3 x 1), conquistando a taça no estádio Luso-Brasileiro, na Ilha do Governador. Flávia, com 25 gols, Samhia, com 23, e Raíza, com 19, foram as artilheiras do Flamengo na competição.

Mesmo classificada para a Copa Libertadores Feminina de 2019, uma vez que alcançara o terceiro lugar no Campeonato Brasileiro do ano anterior, a equipe do Flamengo/Marinha não disputou o torneio sul-americano. No mesmo período, as atletas da Marinha foram para Wuhan, na China, e representaram o país nos Jogos Mundiais Militares de 2019. No final, conquistaram a medalha de bronze.

No Brasileirão, o Flamengo, jogando na Gávea, fez mais uma boa campanha. Campeão em 2016 e terceiro colocado em 2018, o time Fla/Marinha voltou a terminar entre os quatro primeiros. Quarto colocado na primeira fase, o rubro-negro eliminou o Internacional nas quartas de final, mas parou no Corinthians na semifinal. Terminando o ano, duas jogadoras do Flamengo/Marinha foram convocadas para a seleção brasileira pela treinadora sueca Pia Sundhage: a goleira Gabrielli, a Gabi Croco, e a lateral esquerda Fernanda, que está no elenco rubro-negro desde 2016.

Resumo da temporada do Feminino em 2019

CAMPEONATO	J	V	E	D	GF	GS	COLOCAÇÃO
Brasileiro	19	11	3	5	50	14	Semifinal
Carioca	11	10	0	1	135	7	Campeão
TOTAL	30	21	3	6	185	21	

Principais artilheiras no ano

Flávia	**25** gols
Samhia	**23** gols
Raíza	**19** gols

OUTROS ESPORTES

Remo
Depois de seis anos, o Flamengo voltou a conquistar o Campeonato Carioca de Remo e acabou com a sequência de títulos do rival Botafogo. No dia 22 de setembro, o Mengão venceu a 4ª regata e levou o troféu antecipadamente. Depois, ainda venceu a 5ª regata, conquistando o título de forma invicta. Na classificação final, o Mais Querido ficou com 784 pontos, 206 de vantagem em relação ao Botafogo.

Em abril, o Flamengo conquistou ainda o bi do Troféu Brasil e o Campeonato Brasileiro de Barcos Curtos, com 13 medalhas de ouro, sete de prata e dez de bronze. Em outubro, o rubro-negro venceu o Campeonato Brasileiro de Barcos Longos, com oito ouros, sete pratas e dois bronzes, sendo campeão em todas as categorias. Assim, o Flamengo fechou a temporada com 100% de aproveitamento nos campeonatos de remo.

O remador Xavier Vela Maggi recebeu do Comitê Olímpico Brasileiro o prêmio de melhor atleta da categoria ao lado do irmão Pau Maggi. Eles se destacaram nos Jogos Pan-Americanos de Lima, conquistando a medalha de prata no Dois Sem, além de ajudarem o Flamengo a levar o título dos campeonatos Estadual e Brasileiro.

Outro destaque foi Isaquias Queiroz, da canoagem. Medalhista olímpico em 2018, Isaquias conquistou o título mundial na temporada, além dos ouros no Pan-Americano de Lima e no Campeonato Brasileiro. Pelo excelente resultado, recebeu também o prêmio de melhor atleta na Canoagem pelo COB.

Basquete
Numa série emocionante, o Flamengo derrotou o Sesi Franca na final do NBB por 3 x 2 e reconquistou o título nacional. Foi o sexto do rubro-negro desde 2009, o que o consolida como o maior vencedor do torneio na era do Novo Basquete Brasil. Marquinhos foi o grande nome do Flamengo ao anotar 18 pontos. Olivinha, o MVP (melhor jogador) das finais, foi também outro destaque do time, assim como o argentino Balbi, eleito o melhor armador e o melhor atleta estrangeiro da competição. O experiente Anderson Varejão também brilhou na conquista do Mengão, que ainda levou o título Carioca em cima do Botafogo, vencendo o torneio pela 14ª vez consecutiva. No início do ano, no Mundial Interclubes, o rubro-negro chegou à final, mas foi derrotado pelo AEK Atenas, da Grécia, atual campeão europeu.

Nado artístico
O Mais Querido conquistou em dezembro o título do Campeonato Brasileiro de Nado Artístico nas categorias Júnior e Sênior. Na Sênior, principal categoria, o Flamengo confirmou o favoritismo e garantiu o troféu ao somar 211 pontos, levando a melhor sobre o Fluminense, segundo colocado, com 192. Na disputa Júnior, o rubro-negro também levou o título, com 126 pontos, na frente do Paineiras, que somou 99. O Mengão ficou ainda com a prata no Juvenil e o bronze no Infantil, marcando presença em todos os pódios.

Ginástica artística
Em junho, as ginastas rubro-negras brilharam no Campeonato Brasileiro de Especialistas e conquistaram o título no naipe feminino, levando sete medalhas, sendo três de ouro, três de prata e uma de bronze. Flavia Saraiva garantiu a participação nos Jogos Olímpicos de Tóquio ao se classificar para a final do individual geral do Campeonato Mundial de Ginástica Artística, em outubro. No Pan de Lima, a rubro-negra conquistou três bronzes: no individual geral, no solo e por equipes — este último com a participação de Lorrane Oliveira. Jade Barbosa também integrou o grupo, mas ficou de fora da disputa após uma torção no joelho.

Natação
Em dezembro, o Flamengo conquistou o título estadual vencendo em todas as categorias, fato inédito na história da natação do estado do Rio de Janeiro. A competição foi disputada no parque aquático Fadel Fadel, na Gávea.

Polo aquático
O polo aquático rubro-negro conquistou o bronze no Brasil Open Masculino, em junho, e a prata na Liga PAB Feminina, em dezembro. Heitor Carrulo e Samantha Rezende representaram o Mengão no Pan-Americano de Lima, ambos levando o bronze para o país.

Judô
O Flamengo foi o grande campeão do Troféu Itinerante de Judô, que contabiliza os resultados dos Circuitos Estadual e Rio de Janeiro da FJERJ (Federação de Judô do Estado do Rio de Janeiro). O Mais Querido teve ótimo desempenho, conquistando 561 medalhas no total, sendo 237 ouros, 155 pratas e 169 bronzes.

Vôlei
Ao se classificar para a decisão da Superliga B, em abril, o Flamengo carimbou o passaporte para a temporada 2019/2020 da Superliga, campeonato que reúne a elite da modalidade. A última participação mais marcante do clube na competição foi em 2000/2001, quando a geração de Virna e Leila conquistou o título brasileiro.

BREVE HISTÓRIA DO FLAMENGO

Fundado na noite do dia 17 de novembro de 1895 com o nome de Grupo de Regatas do Flamengo, em homenagem ao bairro onde nascia, o clube inicialmente tinha o remo como principal prática. Naquele mesmo dia, ficou definido que a data oficial de fundação seria 15 de novembro, feriado nacional. Nessa época, o Mengão usava as cores azul e amarelo ouro, mas, como desbotavam fácil nas águas da Baía de Guanabara e o tecido importado da Inglaterra era muito caro, o clube resolveu mudar. Assim, no dia 23 de novembro de 1896, as cores foram oficialmente alteradas para vermelho e preto.

Em 28 de outubro de 1902, diante de seu crescimento, o nome passou a ser Clube de Regatas do Flamengo. Dia 28 de outubro virou, depois, a data oficial do Flamenguista e de seu padroeiro, São Judas Tadeu. A entrada no futebol aconteceu em 1912, e, desde então, o clube tornou-se o mais popular do Brasil, além de um dos mais vitoriosos. Em sua estreia, o rubro-negro goleou o extinto Mangueira por 16 x 2, no campo do América, o que se configura como sua maior goleada até hoje. Gustavo de Carvalho, autor do primeiro gol, manteve relação com o time, pois tornou-se presidente do Flamengo 27 anos depois. Campeão carioca pela primeira vez em 1914, o Mengão foi bi no ano seguinte e começou sua hegemonia de títulos no Rio de Janeiro, vencendo depois as principais competições do Brasil, da América do Sul e do mundo.

HINO
Letra e música: Lamartine Babo

Uma vez Flamengo,
Sempre Flamengo!
Flamengo sempre eu hei de ser
É o meu maior prazer, vê-lo brilhar
Seja na terra, seja no mar
Vencer, vencer, vencer
Uma vez Flamengo,
Flamengo até morrer!
Na regata ele me mata,
Me maltrata,
Me arrebata
Que emoção no coração
Consagrado no gramado
Sempre amado
Mais cotado nos Fla-Flus
É o ai Jesus!
Eu teria um desgosto profundo
Se faltasse
O Flamengo no mundo
Ele vibra, ele é fibra, muita libra,
já pesou
Flamengo até morrer, eu sou.

Masahide Tomikoshi/TOMIKOSHI PHOTOGRAPHY

Principais conquistas do Flamengo na história
Mundial Interclubes - 1981
Copa Libertadores - 1981 e 2019
Copa Mercosul - 1999
Copa Ouro - 1996
Campeonato Brasileiro - 1980, 1982, 1983, 1987, 1992, 2009 e 2019
Copa do Brasil - 1990, 2006 e 2013
Copa dos Campeões - 2001
Torneio Rio-São Paulo - 1961
Campeonato Carioca - 1914, 1915, 1920, 1921, 1925, 1927, 1939, 1942, 1943, 1944, 1953, 1954, 1955, 1963, 1965, 1972, 1974, 1978, 1979, 1979 especial, 1981, 1986, 1991, 1996, 1999, 2000, 2001, 2004, 2007, 2008, 2009, 2011, 2014, 2017 e 2019

AS TAÇAS DE 2019

SOBRE O AUTOR

Alexandre Battibugli

RODOLFO RODRIGUES nasceu em São Paulo, em 1975, é jornalista há mais de vinte anos e apaixonado por números e estatísticas do futebol. Foi repórter e editor da Revista Placar, do Diário Lance!, editor do site netgol.com, gerente de conteúdo na Traffic Sports Marketing e editor do prêmio Bola de Prata na ESPN Brasil. Foi blogueiro do IG, UOL, Estadão e R7, com o Blog Futebol em Números. É autor de nove livros sobre futebol: O livro das datas do futebol, Escudos dos times do mundo inteiro, A história das camisas dos 12 maiores times do Brasil, A história das camisas de todos os jogos das Copas, Almanaque das Confederações do mundo inteiro, Infográficos das Copas e A história das camisas dos 10 maiores times da Europa. O autor dedica o livro aos filhos Vinícius, Gustavo e João.

Twitter
@rodolfo1975

Agradecimentos
Luciana Bugni, Fernando Paz, Pedro Fraga e Tatiana Furtado

Direção editorial
Daniele Cajueiro

Editora responsável
Mariana Elia

Produção editorial
Adriana Torres
Mariana Bard
Nina Soares
Laiane Flores

Revisão
Suelen Lopes

Revisão de conteúdo
Departamento de Patrimônio Histórico
Clube de Regatas do Flamengo

Capa, projeto gráfico e design
Guga Bacan/Studio Animatic

Vice-Presidente
de Marketing e Comunicação
Clube de Regatas do Flamengo
Gustavo Oliveira

Diretor de Marketing
Clube de Regatas do Flamengo
Maurício Portela

Diretor de Comunicação
Clube de Regatas do Flamengo
Bernardo Monteiro

Este livro foi impresso em 2020
para a Ediouro e o Clube de Regatas do Flamengo.